蹴球一徹

地域のJクラブを率いる指揮官の矜持

反町康治・小林伸二・石﨑信弘

JN185646

ELGOLAZO BOOKS

斎藤慎一郎
Shinichiro Saito
隈元大吾
Daigo Kumamoto
多岐太宿
Tasuku Taki
佐藤　円
Madoka Sato
江藤高志
Takashi Eto

SQUAD

「我々がチャレンジしていれば選手もチャレンジするようになる。チームは自分の鏡だ」

反町康治

「ストレスを受けても、指導者の言うことに聞く耳を持てるのは、伸びるということだと思います」

小林伸二

「少しでも興味を持ってもらいたいからね。同じ力量の選手がいたら、イケメンを取るよ」

石﨑信弘

はじめに

1993年にJリーグが始まって、22年が過ぎた。

この22年間でJクラブを率いて戦ってきた指揮官は280名以上。名将・智将・凡将・愚将・玉石混交。Jリーグを愛するファン・サポーターそれぞれの胸の中には、各シーズンのさまざまな指揮官への、さまざまな思い出が多数存在するだろう。

20年以上の歴史を紡いできたJリーグを語る上で、どうしても触れておきたい監督3人を取り上げるプロジェクトを今回立ち上げたのは、その〝記憶〟を〝記録〟としてきちんとした形で残しておきたかったからだ。

石崎信弘、反町康治、小林伸二。

1999年にJリーグはカテゴリー制を導入し、J2が始まったその時代から、J1、そしてJ2の各クラブで奮闘してきた3監督。日本代表を多数抱えるビッグクラブを率いたわけでもなければ、頂点であるJ1優勝という高みも味わっていない。だが、Jの「発展途上地域」にクラブを根付かせ、各ホームタウンではファン・サポーターに愛され、J1への昇格を実現した実績を持ちつつも、J2への降格という現実も経験した。

札幌、山形、柏、東京、神奈川、松本、新潟、清水、大阪、徳島、大分…。彼らは各ホームタウンでどのように戦い、どのような記憶を紡いできたのか。本書では、J's GOAL、エル・ゴラッソ担当記者が当時の記憶をたどった。微妙に交差する3人の足跡を記録として残すことにより、3監督の素顔に迫ることはもとより、Jリーグが積み上げてきた地域密着の断片も垣間見ることができるのではないかと考えている。

2016シーズンを迎え、石﨑信弘監督はモンテディオ山形、反町康治監督は松本山雅FCで監督を続投し、小林伸二監督は新天地・清水エスパルスでまた新しいチーム作りに挑むこととなった。奇しくも再びJ2というフィールドであいまみえることになった3人の指揮官が、どのような戦いを見せ、また新しいクラブの歴史を紡いでいくのか。

2016シーズンを前に、本書がその手がかりを見つける一助となれば幸いである。

2016年2月

霜越 隼人（株式会社SEA代表取締役社長）

目次

（文中敬称略）

第一章

反町康治

文

斎藤慎一郎
隈元大吾
多岐太宿

反町康治

Yasuharu SORIMACHI

■指導歴

年	クラブ	リーグ	順位
2001	アルビレックス新潟監督	J2	4位
2002	アルビレックス新潟監督	J2	3位
2003	アルビレックス新潟監督	J2	1位
2004	アルビレックス新潟監督	J1	10位
2005	アルビレックス新潟監督	J1	12位
2006	U-21日本代表監督	ー	
2007	U-22日本代表監督	ー	
2008	U-23日本代表監督	北京五輪出場	
2009	湘南ベルマーレ監督	J2	3位
2010	湘南ベルマーレ監督	J1	18位
2011	湘南ベルマーレ監督	J2	14位
2012	松本山雅監督	J2	12位
2013	松本山雅監督	J2	7位
2014	松本山雅監督	J2	2位
2015	松本山雅監督	J1	16位

1964年3月8日生まれ。埼玉県浦和市（現・さいたま市）出身。現役時代のポジションはMF。清水東高→慶應義塾大を経て1987年全日空に入社。会社員を務めながら、全日空（JSL）、全日空を母体としたJクラブ・横浜フリューゲルスでプレーを続ける。94年にベルマーレ平塚（後の湘南ベルマーレ）に移籍。97年現役引退。日本代表国際Aマッチ4試合出場。

「あれはウソ泣きじゃないよ」

文・斎藤慎一郎

吐く息が、何の抵抗もなく白く染まった。気温は5度。12月の新潟では当たり前の冷え込み。それでも寒さは感じなかった。むしろグランドコートに包んだ体は、暖かくさえあった。

何よりも気持ちは熱かった。ただ、その熱さは笑顔と、言葉を淡々と発することでオブラートに包んだ。

2005年12月3日。反町康治はアルビレックス新潟の監督として、ビッグスワンでの最後の試合に臨んだ。相手は優勝の可能性を残していた浦和レッズ。集まった観客は4万1，988人。ほぼ満員だった。

結果は0－4。立ち上がりから浦和の勢いに飲まれた。前半4分に堀ノ内聖、13分にはポンテに決められた。後半にも2点を失った。最後のホーム戦は完敗だった。

このシーズン、アルビレックスは11勝9引き分け14敗、勝ち点42の12位。Ｊ1での2年目のシーズン、残留を決めて翌年につないだ。

11月28日、反町はこのシーズン限りでの退任を表明していた。

２００1年から5年間率いたアルビレックス、そして新潟の街と別れる。11月23日の第32節・ＦＣ東京戦、新潟はホームで0－1で敗れながらも、残留が決まった。降格圏にいた柏が引き分けたことが影響した。

「残留は決まったけど、負けたので笑うわけにはいかない。新潟が来季もＪ1にいることは素直にうれしいです」

このときすでに、反町は意味ありげなコメントを会見で残していた。

退任発表は第33節、アウェイの名古屋戦を1－0で制した翌日だった。

反町が当時Ｊ2だったアルビレックスの監督を引き受けたのは２００1年1月。3月に誕生日を控えた36歳のときだった。Ｓ級ライセンスを取得して間もない青年にとって、初めて率いるJクラブだった。

就任1年目は4位、2年目は最後まで昇格を争ったものの、一歩及ばずに3位。2003年、J2を制し、念願のJ1昇格を決めた。J1で戦った2004年は1stステージ14位、2ndステージ7位で年間10位、そして最終年は12位。下部リーグからトップリーグにチームを引き上げ、そこで生き残った。数字で見る5年間は、クラブの創世期に発展のための礎を築いたものだった。

浦和戦後、ビッグスワンではシーズン最終節のセレモニーが行われた。整列する選手、スタッフを背に、反町はマイクの前でシーズンの振り返りを言葉にした。スタンドのサポーターから声が掛けられた。「おつかれさま」「ありがとう」。話しながらも思わず表情は緩んだ。

クライマックスはその後に訪れた。選手、スタッフ全員で場内を一周。訪れたサポーターたちにあいさつを行った。反町に向けて、多くの花束、贈り物がスタンドから投げ入れられた。抱え切れなくなると、スタッフが受け取っては運び出す。

「5年間ありがとう」。スタンドには横断幕が掲げられた。「反町、反町、男前！」。定番のコールも自然と沸き起こった。反町は、大きく両腕を広げて応えた。

「監督が辞めるときは、夜逃げをするように去っていくもの。それを、お礼を言ってもらったり、『頑張れ』って声を掛けてもらったり。励まされ、感謝されて辞められるのだから、幸せだよ」

1時間近くにも及んだ場内一周。ビッグスワンとの別れの儀式を終えて、しみじみと感じた。その目に涙はなかった。時折浮かべる笑みには充実感さえあった。

その1週間後、アルビレックス新潟第3代監督としての本当に最後の試合がやってきた。2005年12月10日。天皇杯5回戦のジュビロ磐田戦。アウェイのヤマハスタジアムでの一戦は激闘だった。

0−0で迎えた後半。57分に新潟の海本慶治が2枚目の警告で退場し、数的不利に。そして79分に福西崇史に先制を許した。このまま敗退かと思われた後半終了間際、89分に上野優作のゴールで同点に追い付く。

15分ハーフの延長戦に入った。前半はスコアは動かず。延長後半10分、コーナーキックの連続から磐田の田中誠にゴールを許した。田中のスライディングしながらのシュートでGK野沢洋輔が負傷。ラフプレーを主張し、菊地直哉、藤井大輔が猛然と審判に抗議した。

5分後、試合終了のホイッスル。1－2。新潟から駆け付けたサポーターから温かい拍手と、ねぎらいの言葉が送られた。ほとんどの選手が目に涙を浮かべた。

試合後の記者会見、反町はよどみなく試合の感想を話し始めた。

「選手には、負けは負けだと伝えました。これをしっかり受け止めて、悔しい思いを来年、残った選手、サポーターも含めて続けてもらいたいと思います」

会見は終盤に差しかかった。

「中立の人が見に来ていたら、新潟の選手に惜しみなく拍手を送っていると思います。僕がチームを率いて5年間、こういうチームを作ってきたので、新潟らしさが出せたことはうれしく思います」

ジャッジへの憤りを含ませつつ、こう選手の奮戦をたたえた直後だった。

「だから勝たせてあげたかった……」

言い終わるか、終わらないかのうちに、おもむろにテーブル突っ伏し号泣した。テーブルと接したその表情は、うかがいしれない。震える背中が、涙の量を示しているかの様子。集まった報道陣も思わず顔をこわばらせた。

周囲が動揺しながらも見守り続ける中、反町はゆっくりと顔を上げる。そして思いを吐き出した。

「みんなよく頑張りました。磐田の選手の1．5倍は走りました。まだヘタなんですけど、一生懸命やったと思います」

1週間前のビッグスワン、多くのサポーターの前でさわやかさを漂わせながら、ホーム戦を締めくくっていた。一変、アウェイで迎えたラストゲームで見せたのは、感情をあらわにした姿。

「あれは本当にそう思って泣いたんだよ。ウソ泣きじゃないよ」

後日、号泣したシーンを振り返り、そう笑った。

「感動したよ。いい試合だったし。選手たちには、かなり強硬な態度を取っていた。それを受け止めて、一生懸命戦ってくれた。（涙は）自分が辞めるからと、感傷的になったわけじゃない。本当によく頑張った。最後の最後に新潟らしい魂を見せた試合をしてくれた。それをあんな形で負けて。選手の気持ちを考えるとつらかった」

最後の会見、チーム、選手への愛情を示して、新潟での戦いを終えた。

アルビレックスの成長、指揮官の進化

監督。試合結果の責任を背負う立場を引き受けてから、反町は自身の中に二つの側面を抱えて過ごしてきた。根は情に厚い。ただ、チームを預かったからには、封印しなければならない本質だった。

選手とは、自ら線を引いた。チームに在籍しているときは、プライベートでの交流は

いっさいなかった。試合、練習以外のことで話しかけることもなかった。選手には厳しく接した。

仕事を終え、立場が変わるとき、よろいはかなぐり捨てた。人間として胸襟を開いた。その差がプロフェッショナルとしての矜持。最初の監督を務めた新潟で、すでに身に着けていた。

「彼が指揮を執った5年間はクラブにとっては成功でした。何よりも結果という最大の要求に応えてくれましたから」

反町を監督に据えた当時の強化部長、若杉透は言う。若杉はアルビレックス新潟の前身、新潟イレブンの監督を務めていた。日本サッカー協会では指導者育成を担当。同じ時期、反町は北信越トレセンのコーチをし、CS放送で海外サッカーの解説をしていた。

若杉が反町に会ったのは、2000年の11月。福島のJヴィレッジを訪れた。当時のアルビレックスの監督、永井良和はそのシーズンをもって、退任が決まっていた。後任の選出に当たり、若杉は反町をピックアップした。

「解説している様子をテレビで見ました。語彙も表現も豊富。何より、頭の回転が早い。清水東高校、慶應義塾大学、全日空、そして日本代表と積んできたキャリアも確かですしね」

新潟イレブンがアルビレオ新潟になり、アルビレックス新潟になった。北信越リーグ、ＪＦＬ、Ｊ２と階段を上りながら、監督は若杉からヴェルディ川崎のヘッドコーチを務めたフランス・ファン・バルコム、永井良和へと移っていた。その流れを若杉は気にしていた。

「バルコムさん、永井さんは経験値が高く、人間的にも器が大きかった。当時の選手層の指導には十分だった。でも、今後アルビのサッカーをステップアップさせるためには、指導の斬新さが欲しかった。上を目指すために、もっと論理的で若い指導者が欲しかった。ソリさんはサッカーを論理的に語れる人でした」

斬新で将来性のある人材。若杉の求める像に反町はマッチした。

若杉は三度、反町のもとに足を運んだ。喫茶店でテーブルを挟んで向かい合った。

２０００年のアルビレックスはＪ２で７位。

順位は気にせずに、思う存分にやってほしい……。若杉はそうアプローチした。

「彼は何度か返事を保留しました。人見知りのところもあるのでしょう。僕が何者かも分からなかったでしょうし。ただ、話しているうちに、来てくれるような雰囲気になりました」


反町は当時、S級ライセンス受講中だった。2001年1月18日に認定され、研修中だったスペインから帰国したのが22日。23日にはチームが始動。練習を開始した。新潟駅南口のフットサルコートで、監督初日を迎えた。

「二つ返事で引き受けたわけでもないですよね、彼にとっては。不安も多かったと思います。でも、数カ月、1年のスパンで監督としてどんどん進化していった」

初日、上目遣いで周囲を見るシャイな反町の姿が、若杉には印象的だった。それが日を追うごとに変化していった。夏を過ぎて、秋に向かう頃、チームはJ1昇格圏の2位を目指す位置にいた。

「シーズン終盤は堂々としていました。選手がついていった」

反町の就任とほぼ同時期に、元日本代表フォワードの黒崎久志がヴィッセル神戸から移籍してきた。そのほかに秋葉忠宏、寺川能人、鈴木慎吾、野沢洋輔。後の昇格、J1での戦いの基盤を築くメンバーがいた。

「選手たちとは、あえて距離を置いていましたね。クロ（黒崎）に対しても。ボソっと声をかけてはにかむ程度。ただ、違和感はなかったですね。戦術的に固まってきてからは特にです」

判断が明確で説得力がある。サッカーについては思慮深く、引き出しを多く持っている。若杉は指導者としての才能を見抜いた。経験のない新人監督をリスペクトした。練習では理路整然としながらも、厳しい口調で選手を叱咤する反町。当時のコーチ陣も同じように、ピリピリした雰囲気を醸し出した。それを見て、若杉はコーチ陣をたしなめたことがある。

「監督が厳しく接していたら、周囲のスタッフは違う態度で選手をフォローしなければならないだろう、と」

アルビレックスは資金的に決して豊かなわけではなかった。能力の高い新人、他クラブの脂の乗った即戦力を獲得することはなかなかできなかった。その中で、反町は運動量とスピード、カウンターを駆使し、守備では粘り強さを武器に戦った。細かな分析で相手のストロングポイントを消しにいった。

選手獲得の要望も明確だった。２００３年、反町は守備の強化としてＪ２屈指のセンターバックだった大宮アルディージャのトニーニョを引き合いに出した。

「トニーニョ以上のセンターバックが欲しいです」

リクエストに応え、若杉が獲得してきたのはアンデルソン。１９２ｃｍの長身ＣＢは、開幕の大宮戦でヘディングでのゴールを決めた。

２００２年の大分トリニータの昇格に貢献したＭＦファビーニョは、反町が「ぜひ」と獲得を熱望した選手。大分を解雇され、Ｊリーグに不信感を持っていたファビーニョを、若杉はブラジルまで足を運んで口説き落とした。

反町の力量を信じていた。リクエストには極力応えた。

「正直、もっと攻撃的なサッカーをやると思っていました。ただ、彼が手駒を計算した上で結果を求めるとしたら、ああいう形だったんだろうな、と思います」

2002年のJ2第43節、アウェイのセレッソ大阪戦。0－3で敗れた新潟はJ1昇格の可能性を絶たれた。試合直後、若杉は、長居陸上競技場の端で走り高跳び用のマットに座り込み、立ち上がれないほど落ち込んでいた反町の姿を目にした。その直後の監督会見。

「J2で一番いい試合をしたのは新潟だと思っています。自信を持って新潟に帰りたい」

反町は堂々と言った。弱みは決して見せなかった。指揮官としての成長過程を、若杉が感じた場面だった。

「スキルアップするスピードは速かったですね。良くなった後、しばらく停滞してからまた良くなる。進化するときは階段を上るようにしていくのですが、ソリさんはその停滞する期間が短かった」

その象徴が2003年の昇格だった。新潟の後、湘南ベルマーレ、松本山雅FCを昇格させている。昇格請負人としての第一歩、手法を新潟でつかんだ。

2002年のシーズン後、反町の契約は切れていた。若杉は続投を要請した。

「ここまで来たのだから、来年、昇格しましょう」

ただ、半ば仕方ない、という思いもあった。若く将来性のある指揮官。他クラブからオファーがあれば、去っていくのも……。

「彼の返事待ちという感じでしたね」

反町は迷っていた。その時期の心境を語っている。

「結果を出せなかったわけだし、もともと2年契約。辞めさせられてもおかしくなかった。そのときに、サポーターが続投の署名運動をしていた。若杉さんも『やってくれ』と言ってくれた。もちろん、自分自身もやり残したことがあるわけだし、慰留してくれたことはうれしかったです」

監督としてのステップを反町は着実に踏んでいた。そしてクラブとしての自信も積み重なった。

「論理的で斬新な若者、反町が新潟に来てくれたことは大きかった」

若杉にとっては、クラブ発展のための大きな仕事が、反町との出会いだった。

内に秘めた熱と情

チームを把握し、的確な戦術を練る。同時に反町は、斬新さと聞く者の心をわしづかみにする発信力と、言葉の強さを持っていた。

２００３年のＪ２第31節、ホームの川崎フロンターレ戦、３−２で勝利を収めた後の会見、最初に出たコメント。

「この勝利を病院にいるファビーニョに捧げます」

攻撃の火付け役だったブラジル人ミッドフィルダーは、川崎Ｆ戦の前節・ヴァンフォーレ甲府戦で、頬骨骨折の重傷を負った。手術直後の病室で、自らが不在のチームの結果を案じていた。渡邉基治通訳を通じて、勝利を知り、反町の言葉を聞いた。ファビーニョは、ベッドに身を預けたまま泣いた。

反町には芝居がかった言葉も、自然と受け入れやすいものにするスマートさがあった。試合では常にスーツ姿だった。スーツ、あるいはネクタイの色で勝負服を探り当てようとするファンもいた。

言葉も、たたずまいも、洗練されていた。そこに感傷的な言動は皆無だった。ただ、内面には対照的な部分を抱えていた。ドライではなくウエット、冷静ではなく、情熱的な。2005年の天皇杯5回戦・磐田戦の最後の記者会見では、それがあふれ出た。その前のリーグ戦最終節・浦和戦にもその一端が見える行動があった。

0－4で迎えた後半、84分、藤井に代えてセンターバックの高橋直樹を投入した。大差のビハインド。シーズン、そして反町自身の最後のホーム戦。敗色は濃厚だったが、一矢報いるゴールを欲しがるのが自然な流れ。ここで守備的な選手を送り出す状況ではなかった。

高橋はアルビレックスの生え抜きの選手だった。1999年、練習生として新潟に入った。そこから正式契約を勝ち取った。J1昇格を決めた2003年はレギュラークラスの活躍を見せた。J1でも体を張った守備で貢献し続けた。04年の2ndステージ第7節・清水エスパルス戦では、J1初ゴールも決めた。

そんな高橋は、2005年のシーズンで退団が決まっていた。7年間のプロ生活。その締めくくりの舞台を、反町はきっちりと用意した。

「スコア的にも、僕が出る場面ではなかった。だからソリさんに、『行け』と言われたときはびっくりした。ピッチに立ったときは涙が出そうになるくらいうれしかった」

反町は、高橋に熱い言葉をかけたわけではない。彼のサッカーに取り組むひたむきさは、のし上がってきた経緯が物語っている。選手生活最後の瞬間の気持ちを察し、そして自らの感謝、思いやりを込めて形で表した。

高橋はアルビレックスの下部組織で指導者になった。当時の経験をいま、後進に伝えている。


「はっきりとは言えませんが…」

片渕浩一郎はそう前置きした。そして言った。

「多分、僕の将来をお膳立てしてくれたのはソリさんだと思うんです」

片渕は2016年、アルビレックス新潟のトップチームのコーチに就任した。

1999年、サガン鳥栖でJ2初のハットトリックを達成したストライカー。01年に右膝半月板を痛め、その年に解雇された。02年、トライアウトを受けて新潟に入団した。ただ、故障が重なり出場は3試合にとどまった。シーズン後、引退した。

ベンチから外れても、黙々とトレーニングに励んだ。故障するたびに、自主トレに汗を流した。一方で複雑な感情もあった。

「昇格するためには、自分以外の選手が出たほうがいい」

チームを思う人間的な部分。現役選手には、ある意味不要でもいい内面を持っていた。それが指導者としての資質でもあった。

引退した翌年の03年、片渕はアルビレックス新潟ユースのコーチに就任。その後、新潟の下部組織、日本サッカー協会スタッフと、指導者として経験を積んできた。ユースの教え子には、ハンブルガーSVの酒井高徳がいる。

そして、2016年に新たに就任した吉田達磨監督のもと、満を持してトップチームの指導スタッフに加わった。

選手としての最後の地が新潟、指導者としてのスタートの場がアルビレックス。片渕は、自身の指導者への道を切り開いたのが反町だと言う。

２００２年、引退を決めて自家用車で故郷の佐賀に戻った。遠路、新潟から九州へ。思い出にふけると同時に、今後の身の振り方も頭をよぎった。

実家に到着し、一息つこうとしたところに電話が入った。アルビレックスのフロントスタッフからだった。

「話は『ユースのコーチをやらないか』というものでした。佐賀に着いて、さあ、どうしようか、なんて思う間もないタイミングです。びっくりしたけど、うれしかった。もちろん、すぐに新潟に引き返しました」

アルビレックスに在籍したのはわずか1年。しかも成績的には戦力になったとは言えなかった。そんな自分に、なぜ声がかかったのか。

後日、関係者から聞いた。ソリさんが推薦したんだよ、と。

思い当たる出来事があった。２００２年の最終戦となるＪ２第44節、アルビレックスは新潟市陸上競技場で水戸ホーリーホックと対戦した。３－１で快勝し、３位でシーズンを終えた。その前節、アウェイでセレッソ大阪に０－３で敗れて昇格を逃していた。明らかな消化試合だった。

それでも、新潟市陸上競技場には満員の1万4，413人のサポーターが駆け付けた。競技場のゴール裏後方にある新潟市役所の庁舎には、壁いっぱいにアルビレックスのビッグフラッグが掲げられた。

チーム、サポーターが一丸となって、次のシーズンでの昇格に気持ちを向けた雰囲気になっていた。

片渕はマルクスに代わって84分から出場した。このとき、すでに引退が決まっていた。シーズンの最後の試合で、選手生活のけじめをつけることができた。ゴールは奪えなかったが、やり切った。悔いはない。そう思える場を用意してくれた反町に感謝した。

試合後、ロッカールームで余韻に浸っていた。涙が浮かびそうにもなった。

そんなときに、反町にさりげなく声をかけられた。

「これからどうするんだ」

「まだ決めていません」

それ以上はなかった。短いやりとりだった。

「何げないやりとりだったけど、ソリさんが僕のことを見ていてくれたんだと思います」

真偽を反町に聞いたことはない。激励と受け取ったまま過ごした。以来、尽力し続けて今がある。

新潟経営大サッカー部監督の杉山学にとって、反町は特別な存在だった。

「子どもの頃のヒーローですよ。ああいうふうになりたいって思う先輩でしたよ」

杉山は反町と同じ静岡県清水の出身。有度小学校2年生のときに同小学校のサッカー部に入った。そのときの6年生が反町だった。

園児のときからサッカーをしていた杉山は、本来は3年生から入部が許されていたサッカー部に、2年生で所属した。同年代ではそれなりに自信はあった。その目にも、反町は特別に映った。

「1年生のとき、サッカー部の練習を友達と一緒に見ていたんですよ。一人だけ飛び抜けてうまい選手がいる。雰囲気も何か違う。入学した頃から『反町っていう、ものすごい先輩がいる』という話は聞いていたんです。当時の有度小学校は静岡県内の強豪でしたし。それで見に行ったら、やっぱりすごかった。純粋にかっこいいなと思いましたよ」

入部したとはいえ、2年生と6年生では接点はほとんどない。同じグラウンドの中にいても、反町と話したことは一度もなかった。ボールを追う様子を離れて見ているだけだった。

翌年、杉山は転校した。反町とチームメートだった時間は1年にも満たなかった。

反町は清水東高校で全国高校サッカー選手権に出場し、慶應義塾大学に進学。卒業後は全日空でサラリーマン選手として脚光を浴びた。日本代表入り、ベルマーレ平塚へ移籍。そんな足跡を、杉山は一ファンとして見ていた。

フォワードだった杉山は静岡北高校から国士舘大学、卒業後は清水FC、NEC山形とプロ入りしてキャリアを積んだ。

1996年、当時、北信越リーグに所属していたアルビレックス新潟に移籍した。98年に引退後は、アルビレックス新潟のスクールコーチ、専門学校のJAPANサッカーカレッジのコーチ、監督と指導者の道を歩んだ。

「劇的」な出会いがあったのは2001年の1月。学生の指導のため、新潟駅南口にあるフットサルコートに着いたときのこと。

その前に使用していたアルビレックス新潟の選手たちが、練習を終えて引き上げてきた。入れ替わりに準備を始めようとすると、声をかけられた。

「まなぶ、元気か！」

声の主は反町。雪が入り込み、寒々としたフットサルコートにたたずむ姿にも、少年時代のヒーローの面影ははっきりと残っていた。

「びっくりしましたよ。監督になったのは聞いていましたけどね。まさか自分のことを覚えていたとは。20年以上も昔のことですし、こっちは恐れ多くて近寄れない人でしたしね。多分、そのときはほとんど会話はしていないと思います。僕からは『新潟にようこそ』って言いました。それだけは覚えています（笑）」

この再会から、反町との距離は縮まった。JAPANサッカーカレッジの選手たちを引き連れて、アルビレックスとの練習試合に頻繁に訪れた。プライベートで酒席をともにすることもあった。

「飲みながら出た話で、『おまえのところのスタッフと、うちのスタッフで試合をやらないか』って。それで専門学校の指導スタッフを集めて、アルビのコーチ陣とよく試合をしましたよ。ソリさん、楽しそうでしたね」

サッカーのエリート、Ｊリーグの監督としての反町よりも、杉山は素のまま、人間的な反町と接する時間が多かった。それは少年時代の憧れのサッカー少年の、成長した姿にも見えた。

「仲間を大切にする人です。仲間に対しては、信頼してすべてを許すようなところがありました」

新潟経営大を率いてからは、松本山雅ＦＣの監督になった反町のもとに、練習試合のために足を運んだ。反町が湘南ベルマーレの監督だった時代は、自分の育てた選手を練習生として預けたこともある。そのときにスタッフミーティングの場に同席するように誘ってもらった。

「『いいから、入れよ』って。さすがに遠慮しましたけどね。そこまで見せてくれるんだ、って感動しました」

仲間を大切にし、結束を固める反町の一面。

「新潟に恩返しをする。アルビ時代のソリさんは、多分そう思っていた部分があったはずです。だから、チームを強くするために、何をするかを第一に考えていた。当たり前のことだけど、それを実行していたと思います」

山口素弘と反町康治

日本サッカー協会技術委員を務める山口素弘は、現役時代の反町と、監督としての反町を間近で見てきた。

「面倒見の良い先輩でしたよ。食事にもよく連れていってもらいましたしね」

山口は東海大学を卒業後の１９９１年、全日空に入社。当時、反町は中心選手として活躍していた。92年に全日空が横浜フリューゲルスになり、反町がベルマーレ平塚に移籍する94年までチームメートだった。

当時、反町は攻撃的ＭＦ。山口はボランチ。

「守備位置の指示などは、僕から出しました。ソリさんが厳しく何かを言って来るようなことはなかったです。どちらかというと、冷静にプレーしている感じでしたね」

インテリジェンスの雰囲気はプレーにも漂っていた。ただ、そんな外的な印象と違うのはプレーそのもののスタイル。

「2列目からの飛び出しが得意でしたね。とにかくハードワークをする。よく動き回っていた印象があります。その辺は普段の雰囲気とは少し違いますよね」

一見クール、でも、プレーは泥臭い。アルビレックス新潟、湘南ベルマーレ、松本山雅FCと、後に率いることになるJクラブに共通する豊富な運動量、粘り強さは、自身の現役時代のスタイルと同じ部分でもあった。

「とにかく負けず嫌い。試合で負けた後は表情に出ていた。でも、切り替えは早かったかな。試合が終わってグラウンドから出ると、普段のソリさんに戻っていました。プライベートでは、サッカーの話もしたけど、それよりも普通の会話が多かったですね。しょうもないような（笑）」

試合と日常の区別、切り替え。指揮官として、選手との間にラインを引くポリシーも、選手時代の取り組み方から垣間見える。

反町との関係は、山口のサッカー人生の中でも大きなウエートを占める。１９９９年、横浜フリューゲルスが消滅し、名古屋グランパスに移籍した。２００２年のシーズン後、名古屋を退団した。その後、電話がかかってきた。声の主は反町。

「まだやれるだろう」

当時の山口は33歳。横浜フリューゲルスでは96、97年にベストイレブンに選ばれた。98年のフランスW杯の日本代表に。94、99年1月の天皇杯制覇、そして99年のクラブ消滅。移籍した名古屋では２０００年1月の天皇杯優勝に貢献した。

どちらのチームでもキャプテンを務めた。酸いも甘いも経験したベテラン、実績は申し分ない。そんなかつてのチームメートに、反町は声をかけた。

「２００２年の最終節、アルビがセレッソに負けた試合を、僕はテレビで見ていたんです。ソリさんが監督をやっていたというのもありましたし。ああ、残念だったな、という感じで。それからしばらくして、『一緒にやらないか』です。ソリさんも名古屋での僕のプレーを見ていてくれたみたいで。誘ってもらえてうれしかったですね。必要とされているんだと感じました」

２００３年、二人の関係はフリューゲルスの先輩と後輩から、Ｊ１昇格を目指すチームの選手と監督に。山口は移籍１年目ながらキャプテンに指名された。信頼する選手を軸に据えた。反町にとって、山口は昇格への切り札だった。

同時にプライベートでの接触はまったくなくなった。会話は練習、試合中の指示と返事、またはサッカーに関する話だけ。個人的な話題が持ち出されることはなかった。

「でも、違和感はなかったですよ。むしろ、そうだろうな、ソリさんらしいなと思っていました。現役時代のときからそういう行動はしていましたからね」

山口を中心に、アルビレックスは安定した戦いを続けた。最終節の第44節・大宮戦でＪ２優勝、Ｊ１昇格を決めた。

このシーズン、チーム状況や内情に関して反町が山口に、またはその逆のケースで話すことはなかった。監督と選手以外のコミュニケーションは取っていなかった。

その規制が外れたのはＪ１昇格２年目の２００５年だった。８月、山口は横浜ＦＣに期限付き移籍した。

この年、山口は第18節終了時点で12試合に出場。そのうち先発は10試合でフル出場は2試合。後半30分前後に交代する流れが多かった。アルビレックスのシステムはそれまで取り組んでいた「4―4―2」、「3―4―3」ではなく「4―3―3」。山口はアンカー、またはトップ下に入ることもあった。

「横浜FCに行くことについて、ソリさんとはまったく話をしていないんです。強化部長の神田（勝夫）さんから言われて。横浜へ出発する日、クラブハウスで会見をしたんです。その直前にソリさんに会いました。『ソリさん、会見に出ないんですか』って聞いたら、『出られるわけないだろ、俺が追い出したみたいな感じなんだから』って。もちろん、僕はなんとも思っていなかったのに、ああ、そんなふうに気にしていたんだなって」

実は会見の前日、反町から電話があった。「飲みにいこうか」と。

「そのときは、選手数人と約束をしていたんです。だからご遠慮しました。ソリさんも『それはそうだな』って」

そして電話の最後に言った。

「またな」

あの人らしいな……。山口は思った。山口が新潟を去った後、反町はこうつぶやいた。

「これで仲間同士に戻れるな」

反町にとって、山口は旧友であり戦友。心を許せる存在だった。それでも立場を越える言動は見せなかった。むしろ線引きを強固にしていた。分かり合っているからこそ、なれ合いは厳禁。徹していた。その壁がなくなった瞬間、自分から歩み寄った。

その後、山口は横浜FCに完全移籍した。2006年のJ2優勝、J1昇格時をキャプテンとして支えた。横浜フリューゲルスに始まり、在籍したクラブすべてでキャプテンを務め、なんらかの形で優勝した。

反町が新潟に必要と感じた経験、リーダーシップを存分に発揮した。2007年に現役引退後は、2012年から2014年まで横浜FCの監督を務めた。

反町は新潟の監督を退任後、2006年に北京五輪を目指すU－23日本代表の監督に就任、イビチャ・オシムが率いる日本代表のコーチにも名を連ねた。

代表スタッフの一員になった反町は、横浜FCの試合視察にもたびたび訪れた。

「僕がまだ現役だったときです。ソリさん、ロッカールームまで入ってきてね（笑）。気軽に話しましたよ。『終わったら飲みに行くか』とか。まあ、そのときした話はしょうもないものですけど（笑）」

自身もJクラブの監督を務めた山口には、反町から受けた影響が大きかった。

「練習内容、アプローチの仕方と、学んだことは多いです。こういうふうに考えていたのか、と思い返すこともあった」

チームの先輩と後輩、監督と選手、そして同じ指導者。立場を変えながらも、反町は「らしさ」を貫いて接していた。

技術、戦術、チームマネジメント。監督として結果を残すとき、サッカーに直結した部分を第一に評価される。反町も独自のサッカー感覚で研究を重ね、アルビレックス新潟をJ1に押し上げた。

ただ、それ以上に存在感、インパクトを与えたのは、「監督」と「人間」との使い分けだった。クールな天才と、自己表現に不器用ささえ感じさせる人情家。5年間の在任中、反町とクロスした人間は何かしらの感情を持ち、忘れられない存在として記憶した。

2015年シーズン、3年半アルビレックスを率いた柳下正明が退任した。一部の関係者、サポーターがささやいた。

「ソリさんが戻って来たりして」

2016年、反町が去って、11年目のシーズンになった。

湘南の暴れん坊よ、再び

文・隈元大吾

これでもか、これでもか、これでもかと、相手がうんざりするぐらい前にしかけていく。「危険なチーム」を作りたい――。

2008年12月26日、都内で開かれた監督就任会見の席で、湘南ベルマーレの新指揮官は口にした。付随する言葉がさらに真意を補足する。

「ボールを持ち過ぎることによって、相手にとって恐いサッカーが果たしてできているか。前に運ぶ意識を高めてゴールに向かうことが大事。まずは選手たちの特徴を把握し、それぞれが良さを出して90分間生き生きとピッチを駆けるチームを作りたい。『うんざりするほど前にしかけてくるな』と相手に言われるようなチーム、〝湘南の暴れん坊〟を再現したい。いいゲームをしたいですね」

1999年のクラブ存続危機を乗り越え、2000年以降J2に戦いの舞台を移した湘南は、責任企業のない市民クラブとして模索を続けながら歴史を重ねていた。先人たちと歩んだ道のりは貴い。とりわけ、クラブOBで、ベルマーレ平塚以来となる指揮を執った上田栄治監督は、大倉智強化部長（現・いわきスポーツクラブ代表取締役）が眞壁潔代表取締役社長（現・会長）とともに描いたクラブの中長期計画のもと、勝負に、サッカーに厳しく向き合うというフットボーラーとしての根本的な姿勢をチームに植え付けた。また、上田のもとでヘッドコーチを務め、2006年途中に指揮を受け継いだ菅野将晃は、「ハードワーク」「リバウンドメンタリティー」「プレスバック」といった言葉で、戦う意欲と観る者の胸に響く戦いをさらに育んだ。順位も2006年の11位から翌2007年は6位、2008年は5位と、勝負に対する姿勢が着実に成績に結び付くようになり、当時のJ1自動昇格圏である3位以内に年々迫っていた。

一方、U—23日本代表を指揮していた反町康治はこの年の8月、北京五輪に臨み、1次リーグ3戦全敗で失意のうちに大会を終えていた。

「1、2カ月はボールも見たくなかった」と、当時の心境を後に振り返ったように、実際、サッカー界から足を洗い、違う仕事に就くことも考えていたという。だが、当時ブンデスリーガを席巻していたホッフェンハイムと縁が繋がり、現地に赴いて試合や練習を見たり、指揮を執るラルフ・ラングニック監督から話を聞いたりする中で、燻っていた思いは蘇生されていく。湘南の監督として反町に白羽の矢が立ったのは、そんな折のことだった。

北京五輪で強く感じたことが反町にはある。

「オランダ代表と対戦した1次リーグ3戦目、真ん中とワイドと、両方から攻め入るようなチーム作りを我々もしてきた中で、実はあのオランダにボールポゼッションでは勝っていた。でも、試合には負けた。それでいま一度思ったんだ。『攻撃とはなんぞや』ってね」

天の邪鬼な自身の性格を否定しない。

ポゼッションなんてクソ食らえと、思うところもあったという。とはいえ、反町の思考はポゼッションを否定するものではなく、パワープレーを推奨するものでもない。大切なのは、「攻撃の優先順位を間違えてはいけない」ということだった。

その気付きはサッカー人としての思いに繋がっていく。

「新たにできること、やらなければいけないこと、最終的には日本サッカーの向上のためを含めて、自分の中で完結していない部分がある」

そこで湘南を見たとき、卓越した攻撃センスを備えるアジエルをはじめ、走力の見込める選手やアンカーを託せそうな選手など、適材適所に個性が揃っていた。「いまいる選手たちの良さを生かすには、やはり攻撃の色のあるチームにしなければいけない。湘南はかつて〝暴れん坊〟と言われ、1点取られても2点取るという攻撃的なスタイルで戦っていたし、俺もそのとき選手としてプレーしていたからね。クラブのDNAと合致するだろうなという思いもあった」。そして、「今まで一生懸命応援してくれた湘南地域の人たちに再び目を向けてもらえるよう、自分に何かできるのではないか」。

古巣での挑戦はこうして始まった。

2009年1月、沖縄キャンプで始動すると同時に、反町は早速チームの改革に着手した。選手たちの自主性を重んじ、シーズンをとおして戦うフィジカルを鍛える傍ら、ボールを使う練習では、ミスを恐れずにプレーし、仮にミスしたとしても再びチャレンジする姿勢を説いた。

「ミスして怒ったことは一度もない」と語る。事実、反町は前向きにチャレンジしてボールを失っても咎めず、一方で、縦が空いていながら安全な横パスを選択したら、ボールロストしなかったとしても、チャレンジしなかったことを厳しく指摘した。

「サッカーは不確実な部分が多いからミスをするのは当然だ。逆に、ミスしたからってちらちらベンチを見ているようなら代えると選手には言っている。それよりも大事なことはほかにある。諦めない、もう一度チャレンジするといった前向きな姿勢がチームのダイナミズムを生み出すと思うし、あらゆるものに打ち克たなければ昇格圏には入れない。そのためにも選手が自分で考え、自主的にプレーすることが大切だ。選手が生き生きとピッチで躍動してゲームに勝つ、俺はそのための手助けをしているに過ぎない」

ミスを恐れずに目指すもの、言うまでもなくそれはゴールである。そこには、相手のプレッシャーの掛かっていない中で、ボールを横に動かす場面が散見された前年までの反省も踏まえられていた。

「どこに攻めているのか。なぜ前が空いているのに前を向かないんだ！」

トレーニングの際、横パスをするたびに反町はプレーを止め、「持ったらまず中」「あえて厳しいエリアに入れろ！」と厳しく指示し、無意識に外へ向けられていた選手たちの視線を縦に導いた。相手にとって危険な、ゴールに向かう姿勢を選手に促し、と同時に、素早い攻守の切り替えやワンタッチのパス、それらを実現するスピードと判断力を追求した。ワンタッチのパスを織り交ぜることで、攻撃のスピードは加速し、相手から判断や準備の時間を奪う。相手は後手に回り、かたや自分たちは主導権を引き寄せることができる。

指導する上で的確な言葉を大切にする指揮官は、このように折に触れ印象的なフレーズを用いて、チームとして大切にすべきを選手たちの意識に落とし込んだ。とりわけ「縦」は、反町の代表的な表現の一つと言えるだろう。前年までに培われた、チームのベースとなる戦う姿勢やハードワークはこうして、ゴールへと明確にベクトルを向けることになる。

もちろん、ゴール前の危険なエリアには相手も目を光らせており、対して縦の志向は、ボールロストの可能性と背中合わせと言える。だが、それを補って余りある利が、指揮官の言葉から読み取れる。

「横パスを奪われて背中を取られたら後手に回ってしまう。でも、パスの出し手と受け手が縦の関係なら、前で取られたとしても両者が取りに行ける。いわゆるゲーゲンプレスだ。失った瞬間に素早く攻守を切り替えて前から行けばいい。だから縦に入れて失っても、ボールは奪い返すことができる」

相手がうんざりするぐらい前にしかけていき、危険で、躍動感のあるサッカーを訴求する。そうして数多くの決定機を作り出すために、リスクを負ってボールホルダーを追い越し、攻撃に人数をかけていく。

反町は「縦に2対1を作れ」と、縦の志向をより具体化し、個の力に依存することなく、あらゆる局面で数的優位を作ること、それを目指すことを選手たちに求めた。リスクを辞さぬ攻撃は同時に、素早く守備に転じれば数的優位で守れるというリスクマネジメントも有していた。

就任時、反町は自身が目指すものについて、危険なチームを標榜する傍ら、こうも語っている。

「俺は何より、戦力を把握した上で勝つ確率の最も高い、かつ躍動感のあるサッカーを目指す。〝モーションとエモーション〟、すなわち躍動する、自分たちからモーションを起こすことと、強い感情、エモーションを持って取り組もうと選手たちには伝えている。気持ちが表れていない、消極的な姿勢、チャレンジ精神がないといった、サポーターや観に来てくださったお客さんをがっかりさせるようなことだけはしたくない。妥協せずに徹底し、どこまで突き詰められるか。いいゲームをしていれば勝利は必ず付いてくると思っている」

選手、スタッフに求めた姿勢

反町のもとで縦の意識を高めた湘南は、走力をベースに人数をかけて攻めることを目指した。プレスバックという言葉が表すように、特に守備の面でハードワークを発揮し、攻撃から守備への切り替えの意識も根付いていたチームにあって、指揮官は、「奪った後のファーストパスを前につけろ」と強く促し、守備から攻撃への切り替えの速さを新たに植え付けた。

ボールホルダーを追い越す動き出しとあわせてカウンターは迫力を増し、一方で、「前に出て行ったら同じスピードで戻ろう」と、攻撃から守備への切り替えもあらためて意識付けを施した。

一連の指導について、チーム最古参の坂本紘司はこんなふうに語っている。

「監督からは攻守の切り替えについてよく言われました。とくに以前は奪った後に休んでしまうことが多かったけど、ボールを奪ってからも動きを止めずにスピードアップしていく。奪われたら奪い返すのはもとより、守から攻への切り替えの速さが身に付きました。ボールホルダーを追い越すには、縦にボールが入るときには動き出していないと間に合わない。当然ボールのほうが速いですから。実際そういう練習をたくさんやったことで、縦に入れる意識とともに、動き出しも自然と速くなっていきました」

チームの躍動と育んできたスタイルからの前進は、ファンやサポーターの声からも聞き取れた。「頑張ってハードワークしてるね」と、以前は主に守備の面で称えられていた戦いが、「攻撃的で面白い」と評されるようになったという。

守備のハードワークから攻撃のハードワークへ移行し、ゴールに向かうアグレッシブな姿勢が観る人たちに響いた証左だった。

ところで、反町が求めたのは選手に対してだけではない。たとえば、色の剥げたマーカーを見付けたとき、すぐにきれいに塗り直すように命じるなど、スタッフには常に厳しく要求した。他でもない、選手のためである。

「色の剥げた用具を見て選手たちはどう感じるか。たかだかそれだけでも彼らの緊張感やモチベーションは変わるぞ。選手にハードワークやスピードを求めるなら、スタッフはそれ以上に徹底しなければいけないんだ」

あるとき、「J2の中で一番徹底している自信はある」と口にしたように、「徹底」は反町を語る上での一つのキーワードと言えるだろう。用具一つの準備に象徴されるとおり、練習の環境作りから試合に向けた分析、トレーニングの内容まで、その徹底は微に入り細を穿つ。

たとえば分析を担当するコーチには、相手のキープレーヤーの特徴はもとより、その選手をいかに抑えるか、例となるシーンもあわせて求めた。コーチが集めるプレーシーンは1試合を迎えるだけで数百に及び、そこから攻守それぞれの特徴をピックアップする。さらにセットプレーの分析にも余念がない。かたや、スタッフもまた指揮官の高い要求に応えるべく寝る間も惜しんで作業に勤しみ、シーズンが進むにつれ、監督の指示に先んじて準備を行なうようになった。

反町はメディカルスタッフやグラウンドキーパーらの意見も尊重した。プロとしてのそれぞれの考えに耳を傾け、大切にする。対してスタッフも奮起し、自身の発言とともに責任を自覚した。

真摯に取り組む選手やスタッフの姿勢に対し、指揮官は舌を巻きつつ、うれしげに語ったものだ。

「こんなにミーティングを真剣に聞いて目をギラギラさせる、フルパワーで練習に取り組むチームはない。ある意味、頭が下がる思いだ。もちろん、サッカーの質や力は別だけど、少なくとも吸収力や向上心はとてもたくましいし、話したことが改善されたり向上したり、選手が生き生きとやっている姿を見ることができれば指導者として非常にうれしい。やりがいがあるというものだ。スタッフもよく働いている。お陰で俺がいちばん楽しくやらせてもらっているよ。指導者が楽しんでいれば、選手もポジティブになるだろうし、我々がチャレンジしていれば選手もチャレンジするようになる。チームは自分の鏡だ」

縦の意識をチームに植え付けた反町の取り組みは果たして、シーズン序盤から早速ピッチで体現された。

坂本紘司が縦につけ、アジエルのスルーパスに呼応して阿部吉朗が決めた２００９年Ｊ２第１節・横浜ＦＣ戦の開幕弾に始まり、第３節・ファジアーノ岡山戦では、アンカーの田村雄三のボール奪取を機に素早く攻撃へと転じ、アジエルを経由して、ものの10秒足らずで阿部が仕留めた。あるいは第４節・コンサドーレ札幌戦では、89分、自陣から縦に運んで裏を突き、途中出場の中村祐也が冷静に決勝点を挙げた。守備から攻撃への素早い切り替えとともに、相手の懐にクサビを打ち、意欲的にボールホルダーを追い越していく。何よりゴールを奪うため、チームの推進力は縦に注がれ、またたく間に最終ラインとの勝負に持ち込んでいく。

右肩上がりのチーム作りを思い描きながら、ふたを開けてみればクラブ史上初の開幕5連勝と、最高のスタートダッシュを切った。

さらに湘南は5月を無敗で切り抜け、6月には首位の座に落ち着いた。第22節・札幌戦の勝利で勝ち点50に一番乗りし、第27節にはセレッソ大阪を下して真っ先に勝ち点60に達した。

暗雲が立ち込めたのが、その翌節のアビスパ福岡戦だった。とりわけ衝撃的だったのは、2点差をひっくり返されたラスト6分である。シーズン初の逆転負けを喫し、また初めてホームで敗れ、以降4連敗を刻んだ。連敗もこの年初の出来事で、4位に転落したのも初めてのことだった。

連敗の渦中、反町はフイに「Ｊｏｇｏ」（遊べ）というポルトガル語を引き、「サッカーは楽しまなきゃな」と口にした。チームに自分を投影する指揮官のこと、選手たちを思い、初心を思い、自分自身を戒めたのかもしれなかった。

翌第32節、果たして湘南は水戸ホーリーホックに勝利を収め、連敗を食い止めた。続いてサガン鳥栖も破り、ホーム連勝で昇格争いに踏みとどまった。「勝ち点6を取らなければ中位や下位に引っ張られてしまうという瀬戸際のところだった」。後に反町は率直に振り返っている。

「自分たちのやっていることは果たして正しいのか、選手も我々スタッフも自信を失いかけていた。その意味では、ターニングポイントだったと言える」

後日、耳にした話だが、連敗を脱した後のある日の練習後、指揮官は特に何を言うでもなく、スタッフに牛丼を振る舞ったそうだ。無言のねぎらいに、スタッフは静かに喜んだという。

トレーニングは裏切らない

第1クールの快進撃は、相手に先んじてやるべきことを徹底したゆえの結果と言えるだろう。逆に第2クール以降は、湘南に対する研究、特に守備の攻略が進み、加えて夏場の疲労も重なって苦戦を強いられた。

だが「試合の運命は練習で決まる」という指揮官の信念のとおり、一貫して取り組んできたトレーニングは裏切らない。シーズンで唯一の連敗を脱すると、その後は開幕当初の粘り強さを取り戻し、昇格争いに食らい付いた。

反町は言う。

「ここ一番という試合がいくつかあったとすると、我々はそういう試合に勝ってきた。それはなぜか。具体的に言うと、ここ一番だから慎重にゲームを進めて隙があれば突こうと考えるのか、ここ一番だからこそ積極的に試合を進めようと考えるのか、メンタリティーの違いだ。トレーニングで積極性を重んじたこともあり、それがここ一番で奏功した。必ずしも成功するかは分からないが、このチームに関しては、積極的に戦っていかなければいつまでたっても同じ繰り返しになってしまうと思った」

第3クールに入り、ベガルタ仙台とセレッソ大阪が抜け出して、昇格争いは事実上、ヴァンフォーレ甲府との一騎打ちとなった。勝ち点91で並ぶ両者は第49節、残る一枠を懸けて小瀬で激突した。

序盤に2点をリードした湘南は、しかし後半に入り追い付かれてしまう。だが後半ロスタイム、坂本が値千金のゴールを仕留め、土壇場でライバルを振り切る。昇格争いを一歩リードする決勝点は、チームとしてシーズン10度目となる「89分のゴール」だった（当時はロスタイムが公式記録に表示されていなかった）。思えば、反町はシーズン前、「ラスト10分に走れるチームを作ろう」と話していた。「湘南劇場」とも称された89分のゴールは決して偶然ではなく、最後に訪れる歓喜は徹底した姿勢の結実だった。

この年量産された「89分のゴール」について、反町は語っている。

「最後の笛が鳴るまで全力でやるということは言葉で言ってきたし、最後は執念だと。それが形になるかは違う話だと思うが、ただ我々はトレーニングでも走力を武器にしてやってきたので、相対的に対戦相手よりも最後まで出せる力があったのは間違いない。サッカーの世界には当然、偶然や運もないわけではないが、偶然を導き出すためにはディテールにこだわってやっていかなければいけない。偶然というのは簡単な言葉かもしれないが、その中には必然がなければおかしいわけであって、偶然を生み出す必然のために我々は日々細部までこだわって努力している」

歓喜に沸いた甲府戦の直後の振る舞いがまた、指揮官が湘南に注入した徹底を表しているかもしれない。ライバルを振り切ったとはいえ、最終節までまだ2試合を残していた。劇的な勝利の後、スタッフたちは緊張の糸をゆるめることなく、反町の指示を待たずに選手たちにストレッチを促した。

「まだ昇格したわけではない」という事実が、スタッフの緊張感をとおして選手にも伝わった。そして実際、直接対決で勝ち点3差を付けながら、翌第50節に湘南はザスパ草津と引き分ける。一方の甲府は岡山を下し、最終節を前に両者の勝ち点差はわずか1と、昇格争いは最後まで予断を許さぬ状況となった。

迎えた最終節・水戸戦、勝てばJ1昇格が決まり、勝たなければ4位・甲府の結果を待たなければならぬ状況下で、選手たちの硬さは否めず、いきなり2失点を喫した。だがこれもまた勝負の綾と言えようか、逆に開き直った彼らは前半のうちに同点に追い付き、後半間もなく、阿部吉朗が逆転弾をねじ込んだ。

これが決勝点となり、湘南は11年ぶりのJ1復帰を果たしたのだった。

シーズンを振り返り、反町は言った。

「楽しかったよ。真剣にやってるから楽しいんだ。中途半端にやっていたら楽しくない。俺がいちばん楽しいのは、トレーニングでも試合でも、選手が生き生きとやっている姿を見ること。勝つことが多くなり、練習してきた成果が表れるようになると、選手はもっと自信を持って生き生きとやる。そういう姿をベンチに座って見ているのは楽しいよ」

さらにこうも語った。

「我々はプロなので、自分の仕事に責任を持ってやらなければ二流だ。それはそのまま選手にも当てはまる。そういう考え方で責任を明確にして、最終的に俺が責任を取る。曖昧にして誰かのせいにするのは絶対に許されないこと。そこは大事にしなければいけない。ディテールにこだわり、常に向上心を持ってしっかり仕事に取り組む。より良いものを作り出し、しかもそこに責任が伴う。それはずっと意識してやってきた。そうしたものの結集じゃないかと思う」

練習中、食い入るように作戦盤を見つめ、指揮官の言葉に注意深く耳を傾ける選手たちの姿に、反町のもとで培ったプレーヤーとして大切な責任感や自主性が浮かぶ。

ミスを恐れず、常にチャレンジを忘れぬ彼らは、生き生きと躍動した先でクラブの歴史を動かした。

選手たちの「再生」と「開花」

Ｊ１昇格を果たした２００９年にフォーカスすると、ＪＦＬのＨｏｎｄａ　ＦＣから加入し、出場停止の１試合を除いてフル出場した19歳の村松大輔を除けば、トライアウトを経て加入した寺川能人然り、開幕直前に加わった田原豊然り、あるいはＧＫ野澤洋輔然り、実績ある選手が先発に名を連ねることが多かった。裏を返せば、経験値の高い彼らの湘南での活躍や躍動は、選手としての「再生」を思わせた。

たとえば、前所属のアルビレックス新潟で、反町のもとで昇格を経験しながら、次第に出場機会を失っていた野澤はシーズン中、こんなふうに語っている。

「1月に沖縄で監督の顔を見て、懐かしいような、それでいて僕自身、新しく生まれ変わったような気持ちでキャンプを過ごすことができました。開幕のピッチはもう一度スタートラインに立てたという感覚だった。いまはサッカーができる幸せな環境に日々感謝しています」

トライアウトの際、「おまえはもっとできるだろ」と反町に声を掛けられた寺川は、野澤とともに全51試合に出場した。また、とある試合で一発退場を食らい、「ヘコむな。おまえだっていろんなヤツを見返したいんだろ」と、同じく指揮官に発破をかけられた田原は、キャリアハイの10ゴールをマークした。

3トップの頂点に入った田原と、インサイドハーフの一角を担った寺川は、湘南の選手たちの特徴を生かすべく、反町が採用した「4―3―3」の布陣に欠かせぬピースとして、遅れて来たヒーローとなった。

生まれ持った得難い才を反町のもとで初めて花開かせた選手もいる。中村祐也はジュニアユースのころからの浦和レッズの生え抜きで、トップチームに昇格しながら、けがの影響もあって3年間出場がなく、湘南に加入した2008年もリーグ戦の出場は5試合にとどまっていた。だが２００９年は、途中出場でプロ初ゴールを記録しチームを勝利に導いた、前述の第４節・札幌戦を皮切りに、シーズンをとおしてコンスタントに出場した。シーズンが終わってみれば14得点を挙げてチームトップスコアラーとなった。指揮官もうれしい驚きを覚えたに違いない。

縦に速く、ボールホルダーを果敢に追い越していく湘南の攻撃的なサッカーを実現する上で、リスクマネジメントを司るアンカーの田村雄三もまた、なくてはならない存在だった。「逆に言えば、雄三がいたからこの形ができた」と指揮官も後に明かしたように、チームとして前への推進力をたくましくする中で、田村が攻から守への切り替えを陰で支えていた。

選手会長の田村は、あるとき語っている。

「ソリさんは誰一人特別扱いしませんし、みんなを平等に見ていることが僕らのモチベーションになっている。毎試合すごく危機感を感じながらプレーしています。紅白戦やセットプレーの練習がいちばん怖い。みんなマークも身長差も乗り越えようと激しく来ますから。ガチンコなので、少しでも油断したらけがするんじゃないかと思うぐらい激しい。でも、練習に緊張感があるから試合で集中できているんです」

そして、こんなことを口にした。

「一つ、僕の中で監督の好きな言葉があって、それは『同じことをしたら恥ずかしい』というもの。対戦相手の分析を見た上で自分たちが同じようにやられたら、たしかに恥ずかしい。まして、みんながそこまで準備してくれているのに、やられたらその期待を裏切ることになる。僕らは試合で返すしかないし、だからみんな必死にやる。正直、試合中は本当にキツイですけど、すごくやりがいがあります」

田村が触れたセットプレーにおける徹底した相手の分析とそれを踏まえた集中力の高いトレーニングは、現在も大切に受け継がれている。

先に触れた、3位を争う甲府と相まみえた第49節、シーズン10度目を数えた89分のゴールはいまなお語り草だろう。決めたのは、2000年以降、J2の湘南ベルマーレの全時代をともに過ごしてきた坂本紘司だった。

くだんの決勝ゴールを含め、坂本はこの年、中村に次ぐ13得点をマークした。プロ13年目にして自身初の二ケタ得点で、第14節・水戸戦では自身初のハットトリックも記録した。

ハットトリックは湘南としても2000年の前園真聖以来の快挙だった。足を止めずに献身的にプレーした坂本は、自身のパフォーマンスについてこんなふうに語っている。

「体力があって走り続けているのではなく、『いつ走るべきか』『どのタイミングで走ればチャンスを作れるのか』が分かってきたんだと思います。それを気付かせてくれたのは日々の練習です。だから、試合中に考えて動くのではなく、気付いたら自然に走っているという感覚が強い。トレーニングの賜物です」

そして、リスクを負って前に出て行くプレーの背景にはチームがある。

「後ろでリスクマネジメントしてくれている仲間に対する信頼があるから、僕は迷いなく攻撃に走れている。また、ベルマーレが何年も取り組み続けているハードワークも忘れてはならない。積み上げてきた姿勢があるから勝負の場面で走ることができるし、走ることを追求するだけの準備を、監督やコーチ、スタッフがしっかりサポートしてくれている。だから『全員で戦っている』という感覚なんです。勝つためにクラブ全体であらゆることをやっていると感じます」

ちなみに、キャリアハイとなるチーム2位の得点を記した坂本も、第2クールから第3クールにかけてゴールから遠ざかった時期がある。このとき、「焦らずにワンテンポ置いて打てばいい」とアドバイスを送ったのは、当時、反町のもとでヘッドコーチを務めていた曺貴裁だった。余談ながら、坂本がトンネルから抜けたときの曺の喜びの言葉には、監督としてトップチームを率いる現在にも通じる、指導者としての一貫したスタンスが表れている。

「ソリさんもよく言うことだけど、選手が気持ち良く前向きにサッカーを楽しめているかどうかが僕にとっては大事。伝えたことを選手が理解し、成長してくれたらうれしいですよね」

ここに挙げた選手のみならず、最終ラインを支えたジャーンや、右サイドで上下動を繰り返しアジエルとのコンビネーションで攻勢を喚起した臼井幸平、開幕弾や最終節の水戸戦でＪ１昇格を手繰り寄せる2ゴールを決めた阿部吉朗など、この年、反町のもとで自身の殻を破った選手は少なくなかった。

練習場の片隅にあるベンチ

河川敷の土手の上から見るのが通例だった湘南のトレーニングにあって、取材に訪れた記者のために、練習グラウンドの片隅に取材エリアを設けるようになったのは、反町が初めて指揮を執った２００９年からだったと記憶する。さらに記憶が正しければ、ベンチが用意されたのは、記者がメモを取りやすいようにという反町の配慮によるものだった。練習後の囲み取材然り、試合後の監督会見然り、指揮官はメディアに対して常にオープンに接した。当初の質問に対する答えだけでなく、そこから話が発展していくこともしばしばだった。

そんなふうに、囲み取材や監督会見で聞かれる語録には、指揮官の考え方がさまざま垣間見えた。当時すでに紹介されているが、あらためていくつか振り返りたい。

湘南が快進撃を続けるさなか、しかし反町は折に触れ、自分たちはチャレンジャーであるという立ち位置を強調した。大相撲の番付になぞらえ、「仙台は東の横綱、C大阪は西の横綱」と語り、「うちは前頭2枚目か3枚目だ」と付け加えた。「大一番」と注目を集めた第49節・甲府戦の前には、「これで昇格が決まるわけじゃない。俺にとっては小一番だな」と、加熱する周囲をよそに涼しい顔をしたものだ。

前年のリーグ全体の傾向から、警告の数が順位に比例すると説いたこともあった。「けがも警告の数もチーム力」と語り、中途半端なプレーほどけがに結び付くと、タフなトレーニングで力強い球際を培った。

また、「チーム内の競争があってこそ相手との競争がある」と、あるとき語ったように、チーム内にヒエラルキーを作らず、平等に目を配りながら、選手たちのモチベーションを喚起した。レギュラーとサブ、AチームとBチームといった別を設けないチーム作りが紅白戦やセットプレーなど集中力の高いトレーニングをもたらし、ひいては、どこからでも点を取りに行けるサッカーを実現した。

赤十字のスタッフを招いて行った「心肺蘇生法、ＡＥＤ講習会」の際には、指揮官をはじめ、トップチームやアカデミーのコーチやスタッフらが参加する中で、取材に訪れた記者にＡＥＤの体験を促したこともあった。

最後の監督会見もまた記憶に残る。

２０１１年12月24日、天皇杯ベスト８で京都サンガＦＣに敗れた試合後のことだ。

「――湘南のこれからに期待したいと思っています。もう一つ上のステージまで行きたかったが、実力相応の結果で、チームのために貢献できなかった。湘南からも（サポーターに）たくさんずっと応援していただいた。また寒いところ、風が吹く日も夜真っ暗になっているときもペンを持って私のつまらないぼやきに付き合っていただいたメディアの方々にも感謝しています。本当にありがとうございました」

最後までメディアへの配慮を忘れぬ指揮官だった。

プレーオン――。湘南は前へと進む

２００９年12月5日、湘南ベルマーレのＪ１昇格を決する長い笛が響き、水戸のホーム・ケーズデンキスタジアムに歓喜が爆発する。反町は4度宙に舞い、選手やスタッフ、そしてサポーターと喜びを分かち合った。ただ記憶の限り、その後に行われた監督会見で、指揮官はただの一度も、一瞬も口元を緩めることはなかった。少なくとも、記憶に残るイメージは笑っていない。一方で強く印象に残っているのは、「一つの戦いが終われば、また次の戦いが始まる」と語る、Ｊ１を見据えた険しい表情だった。

別の折、次のシーズンに向け、語った。

「我々はＪ１でも18番目のチーム。いくら守りに入っても難しいし、湘南らしさを出すことを考えると今まで培ってきたものにプラスαを加えていくしかない。そこでまた違う顔をしてやる必要はないし、カテゴリーは変わっても今までやってきたことをベースにやっていきたい。ただし、その中ではチーム内の競争もなければいけないし、いろんなことにチャレンジするという意識を持ってやっていくことは必要だ」

だが、新潟を率いてJ1を戦ったかつての経験を踏まえ、湘南とJ1の他のクラブとのあいだには「大きな差がある」と指摘したとおり、翌2010年はシビアな戦いを強いられた。失点がかさみ、得点を奪えず、負傷離脱も相次いだ。3勝7分24敗の18位、失点はリーグワーストの82点に及び、再びJ2に降格した。

引き続き指揮を執った翌2011年は、前年のJ1での経験を踏まえ、リーグ最少失点を合言葉に守備の底上げに着手した。シーズンの出足は悪くなかったが、連敗で上位から陥落し、セットプレーやゲーム終盤の失点も増えて低迷した。最終的に14位に終わり、この年をもって指揮官は退任した。

「選手、スタッフ、フロントは一生懸命やってきた。この努力は来季以降、必ず生かされると期待している」

ホーム最終戦の試合後、反町は語った。指揮官の残した言葉のとおり、湘南は以降、新陳代謝を繰り返しながら、育成型クラブとして着実に歩を進めている。

ふと、練習中、反町が絶えず口にした言葉を思う。「プレーオン」だ。

接触で倒れても、オフサイドに見えても、笛が鳴らない限り、ゲームは続いている。ゆえに自分たちの判断で勝手にプレーを止めてはならない。笛の代わりに「プレーオン」と声を掛け続けることで、指揮官は選手たちに強いメッセージを送った。

「厳しくやっていればメンタルは強くなる。もちろん、倒れて1分も立ち上がらなければ止めるけど、ただ転んでいてもそのままプレーオンさせてやっている。試合も同じだ。オフサイドだと手を上げたところで、他の選手が走っていればオフサイドにはならない。だから俺はいっさい笛を吹かない。そうすれば自然とやり続けるようになるよ」

クラブもまた「プレーオン」――地域に根差した市民クラブとして、選手の成長とチームの強化を両立させる育成型クラブとして、トップチームとともにアカデミーの充実も図りながら、湘南ベルマーレは取り組みを続けている。

思えば前述の天皇杯・京都戦の試合後、図らずも指揮官はバルセロナの下部組織出身のアンドレス・イニエスタを例に引きながら、「湘南もこれからは下部組織から湘南ナイズされた選手をもっと輩出して……」と語った。下部組織に限定することはできないが、反町が指揮を執っていたときに特別指定を経てプロとなった永木亮太やユース出身の遠藤航は、2012年以降タクトを引き継いだ曺貴裁のもとでさらなる成長を遂げ、それぞれJリーグを代表するビッグクラブへと巣立っていった。彼らよりひと足先に外で経験を積んだ高山薫は成長を経て再び戻り、2015シーズンのキャプテンを託され、同じく湘南でプロのキャリアをスタートさせたハン・グギョンは韓国代表としてW杯を戦うまでに成長した。現在ユースに所属する齊藤未月も二種登録で後に続く。

かたや坂本紘司やアカデミー出身の猪狩佑貴のように、フロント入りして新たなセカンドキャリア像を示す元選手もいる。たとえばそんなふうに、湘南はプレーヤーズファーストの思想を大切に育み、広く選手を親身に思うクラブとして――眞壁潔代表取締役会長の言うところの「プレーヤーの、プレーヤーによる、プレーヤーのためのクラブ」として――前向きなチャレンジをたゆまず、独自の色をクラブカラーのライトグリーンに映している。

そうしたクラブの豊かなビジョンの中で、反町をはじめ、先人たちが築いた礎は連綿と受け継がれている。

想定外のオファー。松本山雅ＦＣへ

文・多岐太宿

２０１１年は松本山雅ＦＣにとって、数多の感情が揺れ動いたシーズンだった。多くのＪリーグ経験者の大型補強に成功したものの、第13回ＪＦＬの開幕二日前に発生した東日本大震災により、開幕は約一カ月の順延を余儀なくされた。開幕後も波に乗り切れず、吉澤英生監督が解任。そして8月には松田直樹氏の急逝――。多くの悲しみを乗り越え、リーグ戦終盤には怒涛の連勝を重ね、ついにはＪ２加入条件のＪＦＬ４位を確定。悲願のＪリーグ参入を果たした。

その喜びも束の間、クラブは新たなる課題に直面していた。シーズン途中からトップチームの監督を兼任していた加藤善之ゼネラルマネージャーが指導者ライセンスの問題もあり退任し、新たにトップチームを率いる指揮官を探し続けていた。当時の報道では某サッカー解説者やユースチーム指導者など複数の名前が浮かんでは消え、柴田峡トップチームコーチの内部昇格の可能性もあがっていた。やはり、環境面や予算面が他チームに比べると明らかに整っておらず、戦力的にも苦戦は免れない状況。あえて火中の栗を拾おうとする指導者は多くはなかった。

時を同じくして、湘南ベルマーレのトップチームを率いていた反町康治監督が突然の退任を発表。「しばらくはゆっくりと解説の仕事をしながら充電しようと考えていた」と幾つかのオファーに断りを入れていたが、これを好機と見て間髪入れずに声をかけたのが、専任に戻った加藤善之ゼネラルマネージャー。早速、株式会社松本山雅の大月弘士社長（当時）とともに監督就任の要請に赴いた。

ただ、反町は充電への思いが強く、本人いわく就任要請とは考えもしなかったという。「何か別の相談かと思ってラフな服装で出掛けたら、加藤ＧＭの横に、会ったことのない男性がいた。『株式会社松本山雅社長の大月です』と挨拶されて、ようやく意味が分かった。『ああ、そういうこと（監督の就任要請）か……』と。だったらスーツで出掛ければ良かった（苦笑）」

これまで松本山雅とは接点らしい接点はなく、もちろん想定外のオファーだった。しかし、長らく指導者として生きてきただけに、話をするうちに心の内の情熱に火が点いた。また大月社長と加藤ＧＭの熱意に心打たれたこともあり、現場復帰へと気持ちが傾くのに時間はかからなかった。こうして、２０１２年1月６日にクラブから正式に監督就任が発表された。

Ｊリーグ参入を果たし、長野県初のプロサッカークラブとなったことで周囲の期待も高まる一方だった。ＪＦＬ時代から、熱いファン・サポーターがホーム・アウェイ問わず試合会場に駆け付け、テレビ、地元紙などの県内メディアはチームの一挙手一投足を追った。もちろん、プロフェッショナルである以上、多くの注目を浴びることは義務ではある。とはいえ、その雰囲気に指揮官は危うさを感じずにはいられなかったようだ。

あえて就任当初から希望的観測で語らず、熱狂に釘を刺すことも忘れなかった。

どのカテゴリーのどのチームもそうだが、昇格したばかりのチームは必然的に降格候補に挙げられる。そのシーズンからJ2は22チームとなり、下位カテゴリーのJFLとの入れ替え制が始まることになった。それまでは降格がないゆえにどこか牧歌的ですらあったJ2だったが、松本は参入1年目から血で血を洗う争いに飲み込まれることになった。活躍を期待するファン・サポーターとは対照的に、多くの解説者・記者は松本の戦力を冷静に見て、降格候補に挙げていた。

そのような中、反町はある2点に希望を見いだしていた。

まずは、ホームスタジアムである松本平広域公園総合球技場（アルウィン）の存在だ。決して大きな箱ではないが、2万人収容の球技専用スタジアムは、地域リーグ時代から松本が売りとしていたもの。実際、反町も「ファン・サポーターの声援がダイレクトに届く。これはまさしく大きなホームアドバンテージだ」と常々話している。実はこのスタジアムには幾度か訪れたことがあった。まず、2002年日韓W杯の際、パラグアイ代表がキャンプを開催しており、（横浜フリューゲルス時代の同僚だった）アマリージャに会うために、「モネールを助手席に乗せてここまで来た」。またその1年後には、「（当時指揮していたアルビレックス新潟とヴァンフォーレ）甲府との試合を『平成の川中島合戦』と銘打って対戦した」こともあった。それから約10年の時を経て、縁のあったアルウィンに、ホームチームの指揮官として立つことになろうとは想像もつかなかったことだろう。

そしてもう一つは、当時チームに在籍していた選手たちだ。その多くがＪＦＬ時代からチームを支えており、中には地域リーグ（北信越リーグ）から在籍している選手もいた。ＪＦＬ時代は全員がプロ契約というわけにはいかず、市内企業や飲食店などで働きながらサッカーを続けている選手も多かった。反町は現役時代、自らも企業人だっただけに、それが決して楽なことではないことを理解していた。確かに当時の選手たちは、上位カテゴリーでの実績に乏しく、24時間をプロフェッショナルとしてデザインする経験をしていないというウィークポイントはあったが、サッカーを諦めることなく、戦い続けてきたその情熱は、紛れもない本物だと映ったのだ。

情熱あふれる選手たちがピッチ上でひたむきにサッカーに取り組めば、アルウィンに詰め掛けたサポーターがさらに背中を押してくれるはず——。サポーターの声援が選手たちに魔法をかけ、実力以上のものを発揮させることはよくある話だ。それは新潟と湘南時代から熟知しており、専用スタジアムのアルウィンはまさしく最高の舞台だ。小さな火種も上手に扱えば一気に燃え広がる。指揮官は、そこに賭けたのである。

山雅スタイル。継続と確信

海外サッカーに精通する指揮官が思い描くサッカーは、やはり攻撃的なアクションサッカーだ。就任会見では「どれだけ集中して守ろうとしたとしても、どうしても90分間で1点は取られてしまう。ならば2点を狙いにいく」と話しており、最終ラインからしっかりパスを繋ぎながら、相手の守備網を切り裂くスタイルを理想としている。とはいえ抱く理想に拘泥して、付け焼刃のポゼッションサッカーで臨むほどロマンチストではない。彼我の戦力を見極めたうえで、リアリスティックな手法を採用する。

就任直後から反町が着手したのは、ハードなトレーニングで強豪相手に走り勝てるだけのハードワークとインテンシティーを高めることだった。早速、クラブに要望を出して、一人のコーチと一人の選手をチームに新たに迎え入れた。エルシオフィジカルコーチと、ゴールキーパーの野澤洋輔だ。ともにアルビレックス新潟、湘南ベルマーレで反町と仕事をしており、そのやり方を知り尽くしている人物だった。

エルシオフィジカルコーチを招聘したのは、フィジカルを徹底的に鍛え上げるため。現代サッカーにおいて選手は90分間絶え間なく走り続けることが求められている。またボールテクニックは簡単に上げることはできないが、フィジカルはトレーニング量に比例して高めることが可能だ。

野澤洋輔については、ゴールキーパーとして数多くの修羅場を潜り抜けた経験はもちろん、自身のスタイルを素早くチームに浸透させるための旗振り役を期待した。事実、加入直後から多くの選手に「反町監督ってどんな人ですか?」「どんなトレーニングをするのですか?」と口々に聞かれたという。野澤もその役割は理解しており、「開幕前のキャンプでは地獄を見ると思いますよ」と笑みをたたえながら恐ろしいことを宣告していた。

その言葉どおり、開幕前のキャンプでは長いシーズンを戦い抜くためのフィジカルを徹底的に鍛え抜いた。スポーツに必要な持久力を測定する『ＹＯ―ＹＯテスト』は当初は誰もが指揮官が求める数値に届かなかったが、トレーニングを積み重ねるうちに選手の大半が目標値である１，０００ｍを超えるようになった。

最後まで苦しいトレーニングに耐え抜いた事実は選手たちに自信を植え付け、Ｊ２初挑戦のシーズンにおいてメンタル面でも好影響をもたらすことになった。後半になっても走力が落ちず、足が止まり始めた相手を運動量で凌駕する――。後のＪ２を席巻した「山雅スタイル」はこうして萌芽した。

90分間を通してのハードワークなど、選手たちには勝利のために最低限やるべきことは求めるが、自分の理想とする型に押し込むことは望まないのが指揮官の考えだ。あくまでも既存選手の顔ぶれを見た上で、その個性を落とし込むことでチーム力を上げるという〝選手ありき〟のやり方だ。

振り返れば２０１１年の吉澤体制は、対戦相手に応じて３バックと４バックのフォーメーションを使い分けるなど柔軟に対応して乗り切ろうとした。大型補強が成功したゆえの戦略とも言えるが、結局は虻蜂取らずで機能していたとは言い難い。反町は湘南時代に「4―3―3」を採用しており、好みの並びであることも明言しているが、理想形にこだわることはない。松本での初年度も選手層を見た上で3バックのほうが真価を発揮できると考え、1トップに2シャドーを配置した「3―4―2―1」を採用。もちろん、守備時におけるポジショニングや約束事などをキャンプ時に長く時間を割いて、徹底的に叩き込んだ。

幸いにも当時のチームにはJ2での経験も豊富な飯尾和也がディフェンスリーダーとして在籍していた点も大きかった。中央で飯尾がライン統率に睨みを利かせ、両サイドにはヘディングに圧倒的な自信を持つ飯田真輝と進境著しい多々良敦斗を配置した3バックは早い段階で完成。3選手ともにそのシーズンは1年をとおしてフル回転を見せた。「長いリーグ戦では、やはり失点の少ないチームが上位に来る」とは反町の言葉だ。野澤も守護神として目覚ましい活躍を見せたことで、ディフェンス面ではある程度計算が立つようになった。

この「3―4―2―1」が機能したことは大きかった。事実、少しずつマイナーチェンジを繰り返しながらチームの幹は太くなっていった（途中で「4―3―3」を試みたが、時期尚早と断念している）。チームの確固たる形を模索するうちにシーズンが終わってしまい、また選手の入れ替わりでチーム作りは一からやり直しという前例は枚挙にいとまがない。しかし松本ではその形が早くに定まったことで、ウィークポイントを埋めるために適切な人材を獲得することが可能となった。予算に限りのあるプロビンチャとしても、チーム作りがやりやすくなったことは間違いない。継続と革新の並立の成功こそ、Jリーグ参入からわずか3年でJ1昇格を果たした要因だろう。

「我々は日本で一番苦しい練習をしているよ」

反町が指揮を執ってきた4年間を振り返ると、良い意味でも悪い意味でも強く印象に残る相手、試合に遭遇する。

筆者にとっては、東京ヴェルディとの対戦はチームの成長の跡を知るという意味でも感慨深い。例えば、2012年3月4日、Jリーグ参入後の初戦となった味の素スタジアムでの一戦。昇格候補に名を連ねていた東京Vに対し、松本はJ2・1年生。胸を借りる立場であることはサポーターも分かっていたが、かといって猫を被って大人しくしていてもつまらない。記念すべきJリーグ初戦を味わい尽くそうと『2階席を開けさせろ』と題して、通常は閉鎖されている味スタのアウェイ2階席を開放させるべく、動員5,000人を目指してSNSを駆使して宣伝活動。ついには東京V自体も巻き込んで好事家たちの注目を集めた。試合自体は0－2の完敗劇となったが、アウェイ席には約7,000人が集まり、目標としていた2階席も見事開放となった。

敗北の苦さを糧にしたチームは一進一退を繰り返しつつも、次第にJ2仕様へと様変わりしていった。ジェフユナイテッド千葉、京都サンガFC、湘南、ヴァンフォーレ甲府といった上位チーム相手にもしぶとく喰らい付き、勝ち点を積み重ねながら、7月8日を迎える。

あれから4カ月、アルウィンでのリターンマッチだ。

首位をひた走っていた東京Vにとっては、ほんの通過点だったのかも知れない。しかし、緑色の血の流れる選手の多い松本にとってはあの悔しさは絶対に晴らさなければならない。10，092人の観客にとってもそれは同じだった。

38分にアカデミーから東京Vで育ってきた弦巻健人が先制点を決め、1－0で前半を折り返す。後半はシーソーゲームの様相を呈したが、80分以降に2得点を挙げて3－2で競り勝った。首位相手に堂々の勝利を飾り、その夜得た勝ち点3はいつも以上の喜びがあったのではないか。試合後には多くの選手たちが現状のチームへの確かな手応えを口にした。ハードなトレーニングを経て、着実な進化を遂げている証と言えた。

それは指揮官も同様だった。記者会見で「ハーフターンしたからといってチームが劇的に変わることは正直ない。自分たちのスタンスをしっかり保ってやっていくことが勝利への近道で、それしか言いようがない」と振り返った。

こうして勝利への最短ルートを突き進んでいった松本にとって、2014年はその集大成だった。健全なるチーム内競争と弱点を補う的確な選手獲得の両輪が噛み合い、チーム力は確実に上がっていた。開幕前からＪ１昇格候補の声も聞かれるほどで、そのとおり開幕戦では２年前に苦汁を舐めた東京Ｖを船山貴之のハットトリックで一蹴。順調に勝ち星を積み重ね、ついには第22節でジュビロ磐田を追い抜いて自動昇格圏の２位へ浮上。進撃はそのまま続き、運命の第39節を迎える。11月１日、対戦相手はアビスパ福岡、会場はレベルファイブスタジアムだ。

小雨降るレベスタでの一戦は、前半は緊張もあってか消化不良の展開。しかし時計の針が進むにつれて自分たちのサッカーを思い出した松本は、57分にエース船山が先制弾を挙げると、山本大貴が追加点。終盤に１点を返されたものの浮き足立つことなく、２－１のまま試合をクロージング。試合終了のホイッスルが吹かれた瞬間、松本のトップカテゴリー昇格が確定した。

選手はもちろん遠隔地のアウェイゲームながら九州上陸を果たしていた多くのサポーターたちが喜びを爆発させる一方、指揮官は「Ｊ１とＪ２はまるで別の国のリーグのようなもの。ここで泣いて感傷的になるよりも、次のことを考えないといけない」と冷静にポツリ。すでに視線は次なるシーズンへと移っているようだった。

浮つかず、さりとて戸惑わず。平常心のまま目の前の試合に勝つことを求め続け、最終的に積み重ねた勝ち点は83にのぼる。湘南の独走に隠れがちだが、例年ならば優勝争いをしていてもおかしくない数字だ。

「我々は他のチームと同じことをやってきても追い付けないので、それにないものを求めてやってきた。例えば走力とか切り替えの速さとか全員がハードワークするとかゴールへの推進力とか。言葉にするのは簡単ですが、そういったものをトレーニングしながらやってきた甲斐がここにあるんじゃないかと思います。選手にもミーティングで言いましたが、『我々は日本で一番苦しい練習をしているよ』と」

松本の強さの理由は、まさにその言葉に集約されている。

そのスタイルを〝弱者の戦法〟と評されることもあるが、果たしてそうだろうか。厳しいトレーニングに耐え、最後まで諦めることなく闘志をむき出しにして戦った選手たちのことは、敬意を払うためにも強者と呼ばなければならないのではないか――。一番そう思っているのは、他ならぬ反町だろう。

奇しくもクラブ創立50周年の記念すべき年を、日本サッカーのトップカテゴリーで戦うことになった２０１５年。

戦前からの予想どおり苦戦の連続となったが、途中補強で戦力アップを図りつつ、終盤までわずかに残された可能性を手繰り寄せるべく奮闘した。それでも「精神的な疲れはすごくあった。シーズンも進んでくると自分とその周りを見ることだけで精一杯になっていた。言わば力負けだった」と飯田が唇を噛むように、最後は個の力に屈した。「Ｊ１とＪ２は別の国のリーグ」という指揮官の言は事実で、攻撃面では決め切れず、守備面では守り切れず。Ｊ２で通用していたプレーがＪ１では通用しなかった場面を幾度も目にすることになった。

思い返すと悔しいシーズンだったが、不幸中の幸いというべきか歯車の噛み合わない中でもチームは最後まで崩壊することなく戦い続けた。結果の出ないチームにありがちな造反などとも無縁で、少なくとも表に出ることはなかった。現場での取材からは、選手とスタッフ間の信頼は揺るがなかったように映る。

フロントもまた現場を信頼していた。Ｊ２降格が決まった直後、株式会社松本山雅の神田文之社長は取材陣に対し、反町へ２０１６シーズンの監督続投を要請することを認めた。降格の責任を感じていた指揮官からは身を引くべきかあえて続けるべきか苦悩する様子がうかがえたが、11月13日に引き続きトップチームの指揮を執ることが正式に発表された。責任を取るということの意味について逡巡する中、他チームからのオファーも届いていたという。それでも選んだのは〝いばらの道〟であった。「逃げ出すことは簡単だったが、チームへの愛着もある。完成形を目指してやっていかないと」という反町の言葉からは、大きな覚悟が透けて見える。

一度降格してしまったチームを再び昇格させるためには、これまで以上のエネルギーを消費する必要がある。ライバルたちも補強に邁進しており、一筋縄ではいかない戦いが待ち受けていることに疑いの余地はない。指揮官の胸中にはどのような構想が秘められているのか。

「今季の目標としてはどうしてもＪ１復帰を期待されると思うが、まずは揺るぎない地盤を作りたい。メジャーまではいかなくともマイナーチェンジしないといけないし、フレキシブルに対応できるサッカーを目指したい」

出直しとなる2016年は9人の新加入選手を獲得し、田坂和昭ら新たなコーチを迎え入れた。昨季の反省を踏まえ、J2の舞台で再起を期す。

下位リーグを戦ってきた選手たち

試合前に配布されるメンバー表には、J1出場試合数が掲載されている。2015シーズン開幕、名古屋グランパスとの一戦。新卒数年以内の若手選手を除けばJ1出場が数百試合にのぼる選手ばかりの名古屋に対し、松本の先発メンバー11名はゼロの選手がずらりと並んでいた。J1経験のある飯田真輝や池元友樹なども一ケタで、二ケタを越えていたのは田中隼磨と岩沼俊介の2名にとどまっていた。

松本はプロビンチャの宿命として、それまで所属していたチームで出場機会に恵まれてこなかった選手の集合体だ。試合に出るため、あるいはサッカーを続けるために深緑のユニフォームに袖を通している。だからこそ、例えば名古屋のような大スポンサーのいるビッグクラブに勝つことができれば痛快この上ない。その試合はセットプレーからオビナのヘディングシュートで先制すると、一時は2点のリードをつけることに成功した。そこで逃げ切れないのが松本の最後まで克服できない課題ではあったのだが、かつてリーグを制覇した強豪に大いに冷や汗をかかせたことも事実だ。

サッカーに限らず野球にしてもバスケにしても、客観的に見ればプロスポーツの世界はやはり予算の多いクラブのほうが強い。とはいえ、当事者としてはそう冷徹にもなれない。どのような状況であろうとも目の前の相手には全力で立ち向かい、勝利を目指さなければならない。現場を預かる指揮官としては、与えられた駒を最大限に駆使して勝利に導く手腕が求められる。だからこそ反町はチーム内競争を通じて、選手たちにさらなる成長を促してきた。もちろんプロの世界は厳しく、志半ばで去っていった選手も多い。それでも〝反町イズム〟がブレることはなかった。

それまでは地域リーグやＪＦＬが主戦場だった選手たちが、揺るぎなき信念のもとで大きく成長を遂げ、日本サッカーのトップカテゴリーへと乗り込んでいくことになる。

ブラジル国内で長いキャリアを誇るオビナは、フラメンゴやパルメイラスなどのビッグクラブに所属していた。当然、多くの著名な指導者のもとでのプレー経験を持っているが、反町の姿はヴァンデルレイ・ルシェンブルゴと重なるという。セレソンを率いた、王国きっての名将である。

「非常に厳しい要求をする指導者ですが、一方で選手に正しい道を示して引っ張ってくれる指導者なので、彼から学んだことは多かったですね。選手は監督が要求していることに挑戦していくことで、いろいろと成長する部分がある。彼からはすごく多くのことを学びました」

Ｊ２初年度を思い返せば、先述のようにディフェンスラインには早い時点で手応えを得ることができた。一方で試行錯誤の起用が続いたのはアタッカー陣だった。ブラジル人フォワードのエイジソンと前年チーム得点王の木島徹也も健闘したが、なかなか結果に表れない状況が続いていた。そこで反町は、船山貴之と塩沢勝吾に注目した。

船山が先発起用されたのは第5節・水戸ホーリホック戦からで、塩沢に至っては第6節・カターレ富山戦まではベンチメンバーからも外れていた。しかし、両選手には明確な武器があった。塩沢はヘディングの強さが出色で、船山は裏に抜ける動きに絶対の自信を持つ。指揮官は全体的にまとまった選手よりも、何か一つ尖った部分のある選手を好む。いわく「そっちのほうが見ていて面白い」からだという。

両雄が先発揃い踏みとなったのは、第8節・ロアッソ熊本戦だった。塩沢に1トップを張らせて、船山はシャドーに配置。前節まで4試合連続無得点と極度のゴール欠乏症に陥っていたチームにとって一縷の望みを賭けての起用だったが、結果的にこの試合はターニングポイントとなった。初の複数得点となる3得点を挙げる快勝劇を演じたのである。塩沢もJ2で5年ぶりとなるゴールを決めるおまけ付きだった。

それから先発に定着した塩沢と船山は着々と得点を重ねていった。FWである以上、ゴールももちろん重要なのだが、それ以外の仕事も怠らないことで指揮官の信頼を得るようになった。前線からの精力的なディフェンスや、スプリントを繰り返すことで相手守備網に圧力を掛ける作業に手を抜くことはなかった。個人能力では後手に回るがゆえに組織力で強豪に対抗しなければならない松本にとって、全員が攻守に関与しなければならない。「前線があれだけボールを追ってくれると、後ろは本当に楽になる」という言葉を何度ディフェンスラインの選手から聞いたことだろう。

出場機会を欲し、カテゴリーは関係なく移籍先を求めていた船山。引退前に地元チームで、最後の一花を咲かせるつもりだった塩沢。それぞれ理由も立場も異なれど、松本で選手としての幅を広げることに成功した。

船山は2014年にはJ2リーグ戦で19得点を挙げ、まさしくエースの仕事ぶりを見せた。川崎フロンターレを経て、2016年には地元でもあるジェフユナイテッド千葉に移籍。塩沢もアキレス腱断裂の負傷から復活し、現役を続けるべくJ3・AC長野パルセイロに新天地を求めた。頑張ってほしい、しかし――。両選手の活躍を、多くの松本サポーターは複雑な思いで見守ることになる。

あえて〝反町チルドレン〟という表現を用いるとすれば、岩上祐三ほど適切な選手はいない。東海大学時代の2011年に湘南の特別指定選手として、リーグ戦1試合に出場を果たしている。当時、湘南を率いていたのは言わずもがなの反町康治であった。湘南の一員として正式加入した2012年からはライバルチームの監督として相対することになったが、その1年半後に予期せぬオファーが届くことになる。

2013年8月15日に松本への期限付き移籍が発表されたが、正式なレターが届いたのはその数日前。前触れもなく、突然のオファーに驚きを隠せなかったというが、ほぼ即答で移籍を決めた。もちろん、湘南はプロ生活を始めた最初のチームであり迷いがなかったと言えば嘘になるが、サッカー選手としての今後を考えると環境を変えるのも悪くない選択だと思った。

反町としても、岩上は必要なピースだった。当時、シャドーには楠瀬章仁や北井佑季、パク・カンイルなど人材はいた。一方で決め手に欠けるきらいもあり、ここでさらなる競争を促すための起爆剤としての活躍を期待したのだ。

そして岩上は、加入後すぐに松本サポーターの心をつかむ八面六臂の働きを見せた。

豊富な運動量と精度の高い右足からのキックで数多のチャンスを創造すれば、文字どおり〝飛び道具〟のロングスローでアルウィンにどよめきを起こした。特にロングスローに関しては得点に直結することが度々あり、松本ならではの武器として定着していった。本人ですら「湘南時代から投げてきたが、ここまでゴールに繋がった記憶はない」と当惑の表情を見せるほどだったが、指揮官は就任当初から効率的に得点を挙げるための手段としてセットプレーに注目。ヘディングに強さを持つ選手を多く抱えていた事情もあり、岩上はチームスタイル的にもうってつけの存在だったのである。

その後の活躍については、あらためて記すまでもないだろう。J1昇格にも大きく貢献し、わずか2年半でまさに松本のヒーローに成長した岩上だったが、チルドレンにもいつかは親離れの時が訪れる。松本と入れ替わってJ1復帰を果たした大宮アルディージャがその活躍に目を付け、岩上もまた新たな舞台へと旅立つことになった。別れはいつだって悲しいものだが、その右足と両腕はNACK5スタジアムでも歓声を巻き起こすに違いない。反町もまた、それを望んでいることだろう。

指揮官が山雅にもたらしたドラマ

あらためて考えると、松本はJリーグ参入を果たして今年でまだ5年目のクラブである。予算が潤沢とは言えず、環境面でも発展途上だ。本来であれば中長期的な目標を立て、まずは参入から3~5年をかけて新たな舞台に馴染むことから始める。一敗地に塗れながら足場を築き、「そろそろ上位進出を……」と考える頃合いだ。

しかし、松本はこの4年間で参入直後は夢物語にも思えた多くのことを成し遂げてしまった。例えばJ1昇格プレーオフ進出を得失点差で逃すという悲劇もドラマであり、J1自動昇格の歓喜の瞬間もまたドラマだ。もちろんJ2降格も――。僅か3年で勝ち取ったJ1昇格にしても、選手やスタッフ、クラブに関わる多くの関係者の総力が結集されたからこその偉業であることは間違いない。とはいえチームを束ねてきた反町の手腕がなければ成し得なかったことだろう。

それを一番理解し、支持しているのは誰か。やはりファン、サポーターだろう。こと松本において、反町は絶大なる支持率を集めている。

そのことが良く分かる例が、昨年あった。無念のJ2降格から数日後、反町が責任を取って今季限りで辞任するのでは、という報道が一部メディアでなされた。事実、現場で見せるその表情をうかがう限り、苦悩している様子は確かに感じ取れた。他チームからのオファーも届いているという。

指揮官の迷いを知るや、ファン、サポーターは即座に行動へと移った。ネットの署名サイトで来季の続投を求める署名活動を開始したのだ。SNSを通じて拡散されたこともあり、僅かな期間のうちに多くの署名が集まった。「辞めないでください」といった心の底からのメッセージとともに。

幸い、その署名サイトは早い期間でその役目を全うすることになった。

署名活動が開始されて数日後、「反町監督」の続投が正式に発表されたのだ。発表直後、メディアの囲み取材に対して続投の理由の一つに「クラブへの愛着」を挙げた。自身は照れもあってかはっきりと言葉にはすることはないが、サポーターのあたたかさもクラブへの愛着を生んでいる大きな理由だろう。

客観的な立場で見る限り、サポーターと指揮官の関係は理想的なもののように映る。いまも練習場では、監督へ写真撮影やサインを求めて長蛇の列が起きている。地方都市ならではの光景と言おうか、畑で採れた野菜や果物などの差し入れを贈るサポーターも多い。そして、反町は報道陣にそのことをうれしそうに語るのである。


筆者が反町に初めてインタビューを行ったのは、２０１２年の２月。静岡県御殿場市での開幕前キャンプ時であった。

当時、筆者はまだ勤めをしながらの兼業ライターだった。クラブに注目が集まり始めた前年にサッカー専門誌など幾つかの媒体から仕事の依頼を貰えるようになり、Ｊリーグ参入を機に『Ｊ’ｓ ＧＯＡＬ』や『エル・ゴラッソ』などで担当記者を委託されることになっていた。それをきっかけに覚悟を決めてフリーライターとして独立することは決まっていたのだが、何しろ我流でやってきたこともあり、取材の基本を誰かに教わったわけでもない。そんな自分があの反町康治から何か面白い話など引き出せるはずもなく、完全なノックアウト負けとなった苦い記憶がある。

松本山雅は地元メディアからの注目も高く、常に練習場には4、5人の記者が詰め掛ける。公式戦の直前には非公開練習などは行うが、それはあくまでもチームの勝利のため。指揮官自身はメディアには協力的で、情報公開するべきところは何も隠すことなく、スポーツ紙の記者が思わずネタにしたくなるリップサービスも怠らない。多くの修羅場を乗り越えてきただけあって、報道陣の扱いも手慣れたものだ。

とかく反町康治の世間一般的なイメージとして、分析に長けた知性派といった側面がクローズアップされがち。ゆえに新加入選手たちも「威厳がある」「ちょっと怖そうですね」とその印象を語る。もちろん気の抜けた選手には雷を落とすこともあるが、それが反町のすべてではない。

何かの機会で目にした横浜フリューゲルス時代の同僚だった山口素弘の発言は興味深いものだった。

要約すると「知性派と見られがちだけど、メンタルの部分も強かった」――。長らくピッチ上でボールを使って言葉を交わしてきた人物の意見だけに、大いに頷かされる。

選手たちに常に戦う姿勢を求め、「サッカーはメンタルスポーツだから」と気持ちの面を重要視するのも、常に真剣にサッカーと向き合ってきたからこそ。報道陣にわざと皮肉っぽい発言をすることはあっても、厳しい言葉を投げかけることはほとんどない。ただメディアにも自分と同じようにサッカーを愛し、深慮してほしいとの思いを秘めている。そういった〝サッカー小僧〟としての側面を自分が伝え切れていたかというと、疑問符を付けざるを得ない。メディアの末席に座る人間として、画一的な見方にとらわれ過ぎていないか、常に自問自答することを忘れないようにしたい。

必要なのは、自給自足

「北京五輪が終わってから、自分の本分はアウトローだと分かった。これからも苦労して苦労してチームを作っていくんだ」

北京五輪でU－23日本代表監督を務め、日本サッカー界の保守本流を歩んできた反町の弁だ。その言葉どおり、代表から離れた後は湘南ベルマーレ、松本山雅と比較的予算規模の少ないスモールクラブを率いてきた。もちろんこれまでに名門、古豪からのオファーがなかったわけではない。U—23代表監督退任後は柏レイソルから、湘南監督退任後は清水エスパルスから入閣の誘いがあったと聞く。あるいは現役引退後に務めていたようにサッカー解説者として評論活動を行いながら好機を待っていても良かった。

苦労を承知の上でそれでも現場に立ち続けることを選択したのは、典型的な〝サッカーホリック〟だからだろう。エル・ロコ（変人）の綽名をつけられたマルセロ・ビエルサのように、練習場に寝泊まりすることまではさすがにないにしても、対戦相手のスカウティングに熱を入れるあまり、いつの間にか日付が変わっていたということは日常茶飯事だ。

就任直後などは体制も整わずスタッフの人員も少なかったため、監督ながら多くの仕事をこなした。その中にはマネージャーがやるべき雑用のような仕事も含まれていたが、あえて率先してこなした。例えばバルセロナのように人員が豊富なビッグクラブなら、そのような仕事をする必要もないのでは？　報道陣からのそんな問いには「バルセロナで監督をやっていても自分でやっているかも。あまり人に任せられない性質だからな」と苦笑したこともあった。

あれから4年が経ち、松本市の協力によって優先的に使用できる練習施設が完成した。隣接する場所にクラブハウスも建設され、万全とは言えないまでも環境面は徐々に整備されつつある。もとより練習には平日にもかかわらず、多くのファン、サポーターが押し寄せては声援を送る。クラブに関わる人たちの尽力にはもちろん感謝をしつつ、若手選手たちはその環境を当たり前のものととらえているのでは、と見ている。ピッチの上で結果を残してこそプロなのだが、指揮官の目にはプロになれたことで満足して成長の歩みを止めているように映ってならない。

「ある意味、働きながらサッカーを続けていた頃のほうが良かったのかも知れない。考え違いをしている若い選手は多いから」――。

若手は育てるものではなく育つもの、が持論。そんな監督だからこそ、伸び悩む若手にはもどかしさを感じるのだろう。

クラブに関わる人は有限だが、クラブそのものは無限である。選手、スタッフ、関係者、サポーター、メディアもいつかは別れを告げなければならない。それは反町も同じで、永遠に松本山雅FCの監督として指揮を続けられるわけではない。近い将来か遠い先かは分からないが、いつかはこの街を離れる日も訪れよう。自身も「（監督業は）衆院議員と同じくらいのサイクルがベスト」と語っており、4～5年が高いモチベーションを維持できるサイクルということか。

先述のように、サポーターからの支持率は高い。「松本のアレックス・ファーガソンになってください」という声も聞かれるが、その問いについては苦笑いを浮かべつつも明確に何か語ることはない。照れ隠しなのか、困惑なのか。その表情だけでは本音を窺い知ることはできない。

チームは生き物なだけに、何かのきっかけで大きく音を立てて動く。時代の流れでそのスタイルが変わることはあるかもしれない。ただ、例えば鹿島アントラーズにとってジーコの植え付けた魂が不変のものであるように、反町康治がコーチやフロントスタッフ、選手とともに編み上げてきたフィロソフィーも次世代へと受け継がれていくのではないだろうか。

指揮官の求めることは決して特異なものではない。最後まで諦めることなく、闘志を剥き出しにして目の前の相手に立ち向かっていく。ハードワークで後手に回ることなく、仲間を信じてボールを送る。現代サッカーにおいてポゼッションであっても、リアクションであっても求められることだが、簡単なようで実は貫き通すことの難しいフィロソフィーだ。

その哲学を育成年代から叩き込まれた生え抜きの地元選手たちが、トップチームの主力選手としてピッチを駆けるようになれば――。

反町はまた、〝自給自足〟ということを常日頃から口酸っぱく語っている。選手獲得ではハンデとなる地方都市に居を構えるクラブだからこそ、自チームの戦力は極力自チームの育成組織で賄うようにする。それは決して楽な道程ではないが、アルビレックス新潟も10年かかってA代表にまで成長した酒井高徳を育成組織から生み出した。そして、現在進行形で人材を輩出している。挑戦するだけの価値はあるだろう。

反町はほんの少し前までサッカー文化不毛の地と言われたこの街に、確かにサッカーの種を蒔いた。荒涼たる大地を変える作業は一朝一夕では終わらないだろう。長い時間を要することになりそうだが、そのときが来ることを待ちたい。

第二章

小林伸二

文――江藤高志
佐藤円

小林伸二

Shinji KOBAYASHI

■指導歴

年	クラブ	リーグ	順位
1991	マツダSCコーチ	JSL1部	6位
1992	サンフレッチェ広島コーチ	J	ナビスコ杯9位
1993	サンフレッチェ広島ユース監督	J	—
1994	サンフレッチェ広島ユース監督	J	—
1995	サンフレッチェ広島ユース監督	J	Jユースカップ優勝
1996	サンフレッチェ広島ユース監督	J	Jユースカップベスト4
1997	サンフレッチェ広島強化スカウト	J	10位／13位
1998	サンフレッチェ広島強化スカウト	J	13位／9位
1999	サンフレッチェ広島コーチ	J1	6位／8位
2000	アビスパ福岡 サテライト監督	J1	12位
2001	大分トリニータ サテライト監督／監督(6月～)	J2	6位
2002	大分トリニータ監督	J2	1位
2003	大分トリニータ監督	J1	14位
2004	セレッソ大阪監督(7月～)	J1	15位
2005	セレッソ大阪監督	J1	5位
2006	セレッソ大阪監督(4月まで)	J1	17位
2006	V・ファーレン長崎強化部長兼アシスタントコーチ(9月～)	九州L	1位
2007	アビスパ福岡 チーム統括グループ長	J2	7位
2008	モンテディオ山形監督	J2	2位
2009	モンテディオ山形監督	J1	15位
2010	モンテディオ山形監督	J1	13位
2011	モンテディオ山形監督	J1	18位
2012	徳島ヴォルティス監督	J2	15位
2013	徳島ヴォルティス監督	J2	4位
2014	徳島ヴォルティス監督	J1	18位
2015	徳島ヴォルティス監督	J2	14位

1960年8月24日生まれ。長崎県南高来郡国見町（現・雲仙市）出身。現役時代のポジションはFW。島原商高→大阪商業大を経て1983年、マツダSC東洋工業サッカー部（サンフレッチェ広島の前身）に加入。87年にはハンス・オフト監督のもと、天皇杯決勝に進出。90年に現役引退。91年に指導者の道を歩み始める。95年に広島ユースを率いてJユースカップを制覇。若手選手の育成の手腕には定評がある。

大分にて。Jクラブ指揮官としての第一歩

文・江藤高志

２００１年５月。大分トリニータは、成績不振を理由として石崎信弘監督を解任した。これに伴い、監督代行を経て６月、ヘッドコーチかつサテライト監督の立場にあった小林伸二に「監督」の役目が回ってきた。

「こういう話が来るのはチャンスではあるが、監督としての経験がないこともあり、またサテライト（若手）の指導にもまだまだ興味があったが、多くの人の勧めもあって、チャレンジしようと決断しました」と、当時小林はメディアに語っている。また、石崎の解任について、「チームが良くなりつつあったので、驚きました」と述べながらも、「自分は選手たちをこれまで見てきていますし、よそから来るよりもいいのかな」と考えたとも話している。

「チャンス」だとの前向きなとらえ方もあった。

就任時の小林はまだ40歳。その年齢でＪ２クラブの監督を任せられるのは、確かに大きなチャンスに違いない。そしてこれが、小林がＪリーグクラブのトップチーム監督としてキャリアを築いていく最初の仕事となった。

小林が大分に来たのはその２００１シーズンのこと。１９９０年に30歳で現役を引退後、指導者の道を歩み始めた。大分以前に携わっていた仕事は、育成年代からトップチームのコーチまで多岐にわたっていた。

現役時代にプレーしたマツダＳＣ東洋工業サッカー部を母体として、１９９２年にサンフレッチェ広島が設立。１９９３年のＪリーグ開幕に伴い、下部組織（サンフレッチェ広島ユース）が創設されると、初代監督に就任した。95年には、Ｊユースカップで優勝し、いまに続く名門・広島ユースに初の栄冠をもたらしている。

その後、広島のトップチームの強化やコーチを歴任し、大分加入直前の２０００年は、当時Ｊ１のアビスパ福岡でサテライトチームの監督を務めていた。そして、２００１年に大分トップチームのコーチ・サテライト監督に就任する。

大分に加入した後は、石﨑の仕事を影で支える裏方として振る舞った。石﨑の目が届かないところで若手選手の練習をサポートし、時に優しく、時に厳しく、選手たちと接した。サッカーに対して常に真摯に取り組み、ピッチを神聖な場所として大事にする姿勢を示し続けた。そうした真面目さも、監督代行、そして監督として抜擢される理由の一つとなった。

石﨑解任翌日の5月16日。早速、監督代行の立場からチームの練習を指導した小林は自らのサッカー観について口にしている。

「私が掲げるのは、相手に負けず、自分自身に負けず、そしてチームのライバルに負けないアグレッシブなサッカーです。守備に関しても、ゴールを守るのではなく、相手のボールを奪うという認識です」

このポリシーはその後も常に小林の指導の根幹をなす考えとなり、いまに至るまで選手たちには厳しさを求め続けている。

また、育成年代の指導歴が豊富だからか、試合中でも選手のポジショニングはもちろん、ボールのもらい方、体の向きなどが気になると、試合展開はさておき、大きなジェスチャーで熱血指導した。そうした目の前の「おかしな点」を、すぐにでも矯正したくなるといった「根っからの指導者気質」なところも持ち合わせる若き熱き指揮官だった。

崩壊したチームを立て直した手腕

大分トリニータとしては、この監督交代の決断は吉と出た。

シーズン途中に小林が就任した２００１年の大分は、そもそも選手補強からして失敗している。目玉補強だったはずの３人の外国籍選手は３人ともシーズン中に移籍する始末で、彼ら３人の外国籍選手を選ぶのか、それとも監督を選ぶのか、という選択の末、クラブは石崎ではなく、外国籍選手を選んだ。にもかかわらず、結果的にその外国籍選手たちがシーズン途中に大分を去っている。チーム編成は明らかに破綻していたが、そこから立て直した小林の手腕は一流だった。

チームを引き継いだこの年は最終順位こそ6位で終わったものの、最終節まで昇格の可能性を残す健闘を見せたのだ。

最終節の二つ前、J2第42節・アウェイでの横浜FC戦。この試合を大分は4－2で制すると4位に浮上。続く第43節でヴァンフォーレ甲府を3－0で破り、昇格圏である2位・モンテディオ山形と勝ち点差を3にまで縮めた。首位・京都パープルサンガ（現・京都サンガFC）が第43節終了時点で勝ち点84を挙げて昇格と優勝を決めたため、最終節に昇格の可能性を残していたのは、2位・山形、3位・ベガルタ仙台、そして4位の大分だった。

迎えた最終節。昇格を争う3チームはそれぞれの得点ごとに昇格・残留が変わる激しい展開を見せた。最終的に大分はサガン鳥栖に1－1で引き分け、昇格はならず。順位も6位に落ちたが、監督交代を経た上で見せた怒濤の昇格争いは見事だった。

小林がその手腕をいかんなく発揮したのが翌2002年だった。

前年の無分別な補強に懲りたクラブは、Jリーグでも実績のある浮気哲郎、サンドロ、アンドラジーニャといった選手を獲得した。前年に行った肩書ばかりが派手派手しい補強ではなく、質実剛健な補強を敢行。結果としてこの判断が成功につながった。チームは開幕6連勝と過去3シーズンの苦労がウソのようなロケットスタートを実現。1敗1分けを挟んで再び6連勝とひたすら首位を走り続け、願ってもない序盤戦を過ごした。夏に入っても目立った失速もなく、大分は昇格圏を守り続ける。ただ、リーグ終盤に際どい戦いをせざるを得ない場面に直面した。アルビレックス新潟とセレッソ大阪との昇格争いが激化したのだ。

このシーズンの大分は序盤の混乱期を除くと、第4節に首位に立って以降、第26節までその座を守る。ところが8月に、甲府、山形を相手に2連敗を喫したことで、新潟、C大阪との3クラブで激しい順位争いを演じることになってしまった。大分は第29節で大宮アルディージャに0－0で引き分けて2位になると、そのまま第33節まで2位をキープ。この間の首位はC大阪だった。

第34節にそのC大阪と直接対決を行い、1－1のドロー。結果、新潟に首位を奪われて大分は3位に転落した。「このままでは危ない」と誰もが危惧する中、甲府、湘南べルマーレに連勝して迎えた第37節の鳥栖戦がこのシーズンの行方を決めた。鳥栖は当時10位に沈んでおり、大分にしてみれば「絶対に勝ち点3を取らなくてはいけない試合」という認識を持つ相手で、さらに言うと九州ダービーだった。

試合は、前半の29分にアンドラジーニャが先制点を奪い、大分にとっては幸先の良い展開となる。しかし1-0で折り返した後半に試合は激しく動く。

47分、森田浩史に同点ゴールを許すと、試合終盤の80分にはまたしても森田にゴールを奪われ、逆転される。ただでさえ厳しい昇格争いを戦っているチームにとって、このまま敗戦で終わった場合の心理的なダメージは計り知れなかった。大分は勝ち点3を当然目指していただけに、残り10分での1-2というスコアが重くのしかかった。

そんなチームを救ったのが、87分のサンドロの同点ゴールだった。

アンドラジーニャの右CKを頭で合わせた起死回生の一撃で大分は息を吹き返す。直後の88分、西山哲平が「伝説の」と形容されるミドルシュートを叩き込んで再逆転。そのまま3-2で勝利を収め、勝ち点3を手にした。

なお、J1昇格決定後、シーズンを振り返った小林は述べている。

「鳥栖との3－2の試合が大きかった」と。アウェイで行われた一戦で、逆転されながらも試合終了間際に再逆転し、勢いに乗れたこと。そして、その勝利を後押ししてくれた多くのサポーターの存在に感謝する文脈で述べられた言葉だった。

この結果、首位に返り咲いた大分は、以降、安定感のある戦いを続けて首位を独走。第41節の大宮アルディージャ戦を迎えることとなる。

クラブの悲願・昇格に向けて

第40節終了時点で首位・大分が勝ち点85。2位・C大阪、3位・新潟はともに勝ち点77。この両チームとの勝ち点差は8。C大阪と新潟は第43節に直接対決を残しており、星を潰し合うことになる。つまり、どちらかが3連勝した場合、もう一方は必ず勝ち点6以下になる。第41節で大宮を下せば、大分は昇格条件である「2位以内」を確定できるのだ。大分に関わるすべての人が、「あと一つ」という思いを共有し、臨んだ一戦だった。

２００２年11月２日、大宮サッカー場。

26分に山根巌が頭で決めた先制点をチームは粘り強い守備で守り抜いた。

敵地での１―０の勝利。大分トリニータは、クラブ悲願のＪ１昇格を決めた。

試合後、小林は「今日勝たないとダメだということで、選手は必死にやってくれました」と選手たちを労うと、「チーム全体が落ち着いていた。サポーターと一緒に昇格したかった。サポーターのお陰です。自分は恵まれていると思います」と言葉を続けた。また、２００３年からのＪ１での戦いを見据え「Ｊ１昇格は重要な仕事ですが、上げるよりも落ちないことのほうが大事です。勢いだけではその『仕事』は受けられない。現状に満足せず、チャレンジしていきたい」。そう、今後の抱負を述べた。

決勝ゴールを決めた山根も言う。

「涙は出なかった。ロスタイムの２分は長かった。２点目が取れなかったが、１―０で逃げ切るのは今季の大分の勝ちパターンだった」

最少得点差での粘り強い勝利。それが、この年に昇格を勝ち獲った大分のスタイルだ。後に山形へと続く小林のチーム作りの根幹がそこにはあった。

1999年にJ2に参入した大分トリニータにとって、4年越しの悲願。小林自身は、シーズン途中で監督を引き受け、最終節までもつれながらも、決め切れなかった前年の悔しさを1年で晴らした見事な昇格劇だった。

その翌節の第42節では、ホームで石崎信弘率いる川崎フロンターレと対戦し、これを2−1で下して、J2優勝も決めている。

2002年は大分にとってまさに「J1昇格に花を添えた」シーズンとなった。

山形との幸せな出会い

文・佐藤　円

２００５シーズンのＪ１優勝争いは稀に見る混戦となっていた。第33節終了時点で、首位と勝ち点2差までの５チームに優勝の可能性が残されていた。

首位に立っていたのは、２位・ガンバ大阪に勝ち点1差を付けていたセレッソ大阪。最終節・第34節はホームでＦＣ東京と対戦する。勝てばクラブにとっても、監督の小林伸二自身にとっても初のリーグ制覇となる大一番だった。

小林がＣ大阪の監督に就任したのは２００４年7月。前年まで、自らＪ１に昇格させた初のクラブ・大分トリニータで指揮を執っていたが、14位で残留させたところでその任を退くことになった。しかし、Ｊ１・１ｓｔステージ最下位のＣ大阪から声がかかり、監督として現場に戻って来た。

大阪は、大阪商業大で学生時代を過ごした場所だった。

その年を15位で残留に成功すると、翌2005年は開幕こそ3連敗を喫したが、立て直し、特に第19節以降は負けなしで着実に順位をアップさせた。第31節、ホームで川崎フロンターレを2-0で下し、2位に浮上。その後はドローが2戦続いたが、首位・G大阪が第31節から3連敗したことで、最終節を目前にして逆転、首位に立った。

関西勢初のJリーグ優勝を懸けたFC東京との最終節。スローインから西澤明訓のゴールで先制するも、追い付かれ、ゼ・カルロスのPK失敗もあり、1-1のまま前半を終了。だが、後半開始早々の48分、ゼ・カルロスのシュートの跳ね返りを拾った西澤が落ち着いて決め、2-1と再びリードした。

初戴冠が目の前に近付いてきた終盤もC大阪は相手の最後の攻撃をしのいでいたが、後半ロスタイム間際にFC東京がCKを獲得。近藤祐介のボレーシュートはGK吉田宗弘が弾き、柳本啓成がヘッドでさらにゴールから遠ざけたが、それを拾った今野泰幸に決められ同点。他会場では、勝ち点1差のG大阪が川崎フロンターレを沈め、関西勢初のリーグ制覇はG大阪がつかむ。さらに、優勝の可能性を残すチームはC大阪以外すべて勝利を収めたことで、年間順位を5位に下げてシーズンを終えた。

翌2006年は優勝を期待されて臨んだが、開幕から4連敗と躓いた。第5節・アルビレックス新潟戦でようやく初勝利を挙げたが、その後2連敗。第8節、アビスパ福岡と引き分けた試合の翌日、解任を告げられた。大阪では桜がきれいに咲いている時期だった。

その後、島原商高時代の恩師である高校サッカー界の名将・小嶺忠敏の勧めもあり、9月にV・ファーレン長崎の強化部長兼アシスタントコーチに就任。翌年には福岡からの要請があり、チーム統括グループ長としてチーム強化を担当した。

しかし、リトバルスキー監督とチーム強化の方向性で意見が対立。11月、シーズン終了を待たずにその職を解かれた。

去ることになった福岡での残務処理が終わらないうちに、小林に電話をかけてきた人物がいた。モンテディオ山形のゼネラルマネージャー（当時）、中井川茂敏だった。

中井川は山形の前身であるＮＥＣ山形サッカー部で1997年まで事務局長を務め、

クラブ設立のタイミングでチームを離れて社業に専念していたが、2007年10月、当時クラブに置かれていなかったゼネラルマネージャー職としてチームに復帰した。その「最初の仕事」が次期監督の選考と決定だった。

山形は2006年5月、鹿島アントラーズFC常務取締役などを務めた海保宣生がクラブトップである理事長に就任。海保はクラブ初のJ1昇格実現に向け、観客数の増加や経営基盤の強化を図る様々な改革を行っていたが、海保の理事長就任以後、置かれていなかったGM職復活もその一つだった。海保は周囲の進言を受ける中で、中井川に白羽の矢を立てた。

その頃、チームは監督を2年務めた樋口靖洋を2007年限りで交代させる方向性をすでに固めていた。レアンドロや財前宣之など果敢な補強で勝負に出たシーズン前半には10試合負けなしで2位に浮上したが、その後は5連敗を喫するなど一気に下降線をたどり、後半は低迷。最終的には9位でシーズンを終えた。

中井川からの突然の話に、小林はしばらく心の整理がつかなかったが、数日後、再び中井川から電話があった。11月25日、山形が鳥栖で試合を行うが、その機会に直接会いたいと言う。

二人はそれまで面識がなかったが、共通の知人がいた。中井川がチームに関わっていた時代から山形で選手、コーチを務めた手倉森誠・浩兄弟。誠は大分トリニータのコーチとして小林監督を支えたが、その関係で弟・浩とも面識があった。中井川と初面会する前に、手倉森兄弟から情報収集したときの様子を、小林は後にこう明かしている。

「『どういう人?』って聞いたら、『うん、高田純次にちょっと似てるかな』なんて言われて（笑）。一発で分かりましたけど。話をしながら、すごく誠実な方だなと感じました」

山形の歴史を大きく変えることになる「小林モンテディオ」の4年間が、ここからスタートした。

「小林モンテディオ」の濃密な時間

コーチングスタッフは小林を含む４人体制だった。ＧＫコーチの石野智顕とフィジカルコーチの村岡誠は２００７年に福岡のトップチームで活動していた。もう一人のコーチには、中井川がＦＣ東京ルートで行き着いた長島裕明（２０１０年にヘッドコーチ）を採用した。その時点で小林と長島に面識はなかったが、長島は献身的なサポートと豊富なコネクションで小林の右腕となり、後に小林が徳島ヴォルティスで指揮を執る際にもヘッドコーチとして招聘される名参謀となった。

山形での初陣、２００８年３月８日。開幕のサガン鳥栖戦を０－１で落とした後、小林にある報せが届いた。かねてより病気療養中だった父が３月13日に他界したのだ。第２節、アウェイ・セレッソ大阪戦の二日前だった。

長崎県雲仙市国見町にある実家の菓子店はすでに小林の弟が継いでいたが、長男である小林は山形からのオファーを受けたとき、自身が住居を構えていた福岡から離れないほうがいいのではないかとも考えていたという。決めかねた状態で父に事情を話し、相談した。

「『もたもたせんと、仕事しろ。仕事を頼まれるほど幸せなことはない』と言われて（笑）。そう言ってもらえて就任を引き受けたので、感謝しています」

チームの大阪への移動日である14日、小林はチームとは別行動で単身長崎の実家に帰り、試合当日の15日に大阪に移動、試合を終えるとトンボ返りで再び長崎の実家に戻っている。試合を翌日に控えた14日、小林は柩に2輪の菊を供えたという。1輪は山形のアウェイユニフォームと同じ黄色の菊。もう1輪の白い菊には言葉も添えて。

「白星をプレゼントしてよ」

C大阪との試合は3―1の勝利。

最高の報告をした後、小林は山形での生活に戻っていった。

小林の就任1年目の２００８年、山形は昇格を果たすことになる。

シーズン前、小林は現実的な目標を設定していた。

「目標は昇格ですが、これはどのチームも同じだと思うので、ワンシーズンをとおして集中できるように、Ａクラス（5位以内）をキープし、チャレンジしていきたいと思っています。去年9位のチームなのでガラッと変わるわけにはいかないですけど、台風の目にはなりたいですね」

このシーズンのＪ2は、15チームの3回戦総当たりで行われた。守備をベースにした手堅い試合を続けて勝ち点を積み重ねたこと、さらに昇格候補と目されていた有力チームが思うように勝ち点を増やせなかったことなどから、山形は第19節で2位に浮上すると、以降もほぼ2位をキープ。首位・サンフレッチェ広島の勝ち点１００からは大きく離されたが、勝ち点78の2位で自動昇格を果たした。

台風の目と言うにはあまりにも静かに2位に浮上し、デッドヒートも大きな波乱もなかったが、それはまぎれもなく歴史的な昇格だった。

２００9年、昇格した山形は、京都サンガＦＣへ移籍した豊田陽平に代わるフォワードとして、小林がC大阪時代に指導した古橋達弥を加入させた。だが、全体的にネームバリューに乏しく、J2を戦ってきた布陣と大きく変わらないメンバーでJ1に臨むことになった。小林には「若い、J1経験のない選手に実戦を積ませて、たくましく伸ばしていく」との目論見はあったが、小林自身、チームの経験値の少なさを目の当たりにさせられる出来事が、開幕・アウェイでのジュビロ磐田戦に臨む直前にあった。

渡された試合メンバー表に目を通したときのこと。各選手の名前を右にたどっていくと、生年月日、身長／体重、そして出場／得点（通算）と続く。最初の出場／得点は今シーズンの記録であるため、全選手が0／0と記載される。しかしその横、通算出場と得点を示すカッコ内の数字も、ほとんどの選手に0／0が並んでいた。

「おい、これ見てみい」

試合直前のロッカールームで、小林はあえて、0並びの試合メンバー表を話題に取り上げた。未知の世界に乗り込む息苦しさと緊張感は、百戦錬磨の指揮官によって和らげられた。約2時間後、試合は6－2の大差で山形が勝利。あまりにもインパクトの強いスコアと結果でＪ１デビュー戦を飾った。

出来過ぎの結果だったが、圧倒的に低い下馬評を突き付けられたチームがＪ１に怖れず立ち向かえるだけの十分な自信を、それはもたらした。

名古屋グランパスとの雪のホーム開幕戦もスコアレスドローで乗り切り、その後も地道に勝ち点を積み重ねた。終盤は息切れし、15位ギリギリでのＪ１残留となったが、大方の予想を覆す圧巻のシーズンだった。

ホームで行われた最終節のセレモニーでは、海保理事長のこの一風変わったあいさつがあった。

「小林監督以下、コーチ陣、スタッフを見てやってください。戦前の予想は断トツの最下位。ざまあみやがれってんだ！」

山形を最下位に予想した評論家や解説者に向けられたこの言葉に、多くの山形サポーターが溜飲を下げた。

翌シーズン、鹿島アントラーズから田代有三や増田誓志を期限付き移籍で獲得したJ1・2年目の2010年は、ボランチとウイングの縦への推進力を生かした「4—3—3」が機能し、さらに順位を上げて13位でフィニッシュした。

しかし、その年は期待していた観客動員が伸び悩み、赤字決算が翌年のチーム編成に大きく響くことになった。2011年は、残留争いをする下位グループから中位グループへとステップアップするため、より攻撃重視、アクション重視の戦術へとシフトチェンジを図ったが、攻撃の成果が上がらないまま守備でもバランスを崩し、その年は年間5勝で最下位に沈んだ。

3シーズン目で訪れた、山形にとっても小林にとっても初の降格だった。クラブ側との話し合いの末、小林は降格の責任を取りチームを去ることになった。山形のサポーターと県民を未体験ゾーンに連れていった「小林モンテディオ」の濃密な時間は、4年で幕を閉じた。

「持たざる者」が採った生き残る術

小林が指導する山形の練習場では、活気ある声が響いていた。しかしよくよく聞いてみると、一番頻繁に聞こえる声は誰あろう、小林のものだった。それだけ、伝えたいことがたくさんあった。山形には真面目でおとなしい選手がそろっていたが、そんなチームを、よく通る小林の声が牽引していた。やや一方通行になる側面は否めないが、山形の若い選手たちはそうした細かい指示を吸収することでサッカーを知り、伸びていった。

「勝者のメンタリティー」という言葉がある。自分たちを強い者と位置付け、自分たちが持っているものをしっかり出しさえすれば相手を上回れる、結果を出せるという心の持ちようを表している。

誤解を怖れずに言えば、山形における小林サッカーのベースには「弱者のメンタリティー」とも呼べるものがあったように思う。特にJ1を戦う力の強い相手と対する際、自分たちを過大評価することがなかった。まず相手の戦術やパターンを徹底的につかむところから始まる。その上で、こちらがどう出るか、何をすべきかを決定していった。そのイメージをチーム内でどれだけ共有できるかが戦力差を埋める大きなカギであり、「持たざる者」が残留を果たすために必要な要素だった。

1週間のトレーニングの中では、先発が予想される11人がフィールドに入り、相手なし、つまりシャドーの状態でビルドアップからシュートまでのルートをたどる攻撃練習を必ず行っていた。

たとえば、相手が高い位置からプレスを掛けるチームであれば、それを外してボールを運ぶ必要があるが、小林は相手がどういうプレスの掛け方をしてきて、どこにスペースができるか、というところまでを見極め、そのスペースに誰がどのような形で入り込めば起点を作れるかというところまで指示をした。

また、フィールドを広く使い、クロスを入れるパターンを大きな軸にしていたが、サイドでボールを持った際に、相手のサイドバックがボールに食い付いてくるのかどうかも重要なポイントとしてとらえていた。こちらのサイドハーフがボールを持った際に相手サイドバックが食い付いてくる場合には、その背後にスペースができるため、2トップの1枚がシンプルに入り込んだり、中央に持ち込んで相手が付いてきたところでサイドバックを縦に走らせた（3人目の動き）。

あるいは、バイタルエリアでフォワードが起点を作ったときに、相手のディフェンスラインからアプローチが来るのか、あるいは食い付かずにラインをそろえて下がるのか。アプローチがあれば、ディフェンスラインは絞ってそのギャップを埋めるのか。絞りが遅ければそのギャップを突き、相手の絞りが早い場合は、今度は空きやすいサイドが狙い目となる。細かいスカウティングに基づき、チームの共通項となる部分を一つずつ構築していった。

こうしたシャドーでのフォーメーション練習では、同じ要領でアタッキングサードでのフィニッシュに至るプレーにも多くの時間を費やした。

プレーさせる直前には、小林はホワイトボードの前に全員を集め、色違いのマグネットで敵味方の動きを示しながら、イメージの共有を図った。長いケースでは、この説明だけで10分近くを使うこともあった。形やパターンを構築していく作業ではあったが、その背景にある理由を伝えることも忘れなかった。

守備では相手との力関係で押し込まれることが多かったが、最も重視し、練習時間を割いていたのが、失点に直結するクロス対応のトレーニングだった。ゴール前では基本的にマンマークに付くが、相手の動きに対して付いていくのか、味方に受け渡すのかの判断とコミュニケーションについては口うるさく指摘した。

特に特徴的だったのは、ステップへのこだわりだった。

クロスステップでスタートすればしっかり相手に付いていけるところを、バックステップでスタートしたために一歩、二歩遅れるような選手には必ず指摘し、修正させた。選手たちは正しいステップでスタートを切るため、相手との間合いや立ち位置、体の向きなども意識するようになる。クロスからの失点の少なさも、シーズンをとおしての安定走行の一因となった。

小林は選手との接し方もユニークだったが、それがよく表れていたのが試合後のリカバリートレーニングだった。

先発組のリカバリーのメニューはスローペースでのジョギングを15分、逆回りで15分。その後ストレッチで引き上げるが、ジョギングの際、小林も選手たちと一緒に走った。走るだけではない。一人ずつ選手をつかまえてはぴったりと並走して熱心に話しかけ、数分すると次の選手をつかまえてそこでも話し込んだ。そうしてジョギングが終わるまでにリカバリーの選手ほぼ全員と話をしていった。

話の中身は、前日の試合で気になったポイント。小林は試合映像も確認しているが、気になるプレーを抜き出しながら「もっとこうしたほうが良かったよね」とアドバイスをしたり、なぜそのようなプレーになったのか、選手から直接確認したりした。

山形の監督に就任したのは47歳。多くの選手とは親子ほどの年齢の開きがあった。眉間にシワを寄せ、烈火の如く怒る様子は、ひと昔前によくいた「お父さん」をイメージさせたが、普段から選手との間の垣根は低く、必要があれば選手のところに自分から足を運ぶことを厭わなかった。

選手たちをつぶさに観察する目

全体練習が終わると選手がそれぞれ居残り練習を始めるが、小林はすべての選手が練習を切り上げるまで、先に引き上げることは決してなかった。

やや遠目にはなるがピッチの外から、腕を組みじっと選手たちの練習を観察している時間が長かった。練習本編ではプレーを止めてでも、気になる箇所を逐一指摘することが多かったが、そこでの口数の多さとはまったく逆。しゃべらない指揮官は、グラウンドにまた別の緊張感をもたらしていた。

その一方、小林自らが選手に声を掛け、直接指導するケースもあった。山形では「小林塾」と呼ばれたそのトレーニングの対象は、主に上背のあるＦＷで、シチュエーションもおおよそ決まっていた。

テーマは、相手ゴール前でディフェンダーに付かれた状態でどう足元でボールを受けるか。相手が体を当ててきた場合はしっかり腰を落とし、懐を作ってキープするか、食い付いてきたほうと反対側にターンしてシュートを狙う。相手が距離を取ってきた場合は、ファーストタッチでかわして反転シュートに持ち込んだり、味方が絡んでくる形をうまく使う。あるいは、ターンするにはボールをどのポイントでタッチするべきかなど、その細かい使い分けがスムーズにできるように、体が自然に反応するようになるまでの反復練習を行った。

こうした指導は、マツダSC（現・サンフレッチェ広島）で現役を退き、同クラブのトップチームのコーチに就いた際、当時2年目の高木琢也を指導しながら、試行錯誤で手に入れたメソッドだった。高木は国見高で小嶺の指導を受け、その後は大阪商業大に進んだ「直系の後輩」とも言えるが、高木もまた、後の日本代表入りへの基礎となる大切なスキルをこのマンツーマン指導で吸収した。小林は大分で監督を務めた際にも、高卒ルーキーとして加入した高松大樹を同様に指導している。
２００８年当時の山形は、長谷川悠と豊田陽平という2枚の長身ストライカーを擁していた。細身の長谷川は足元のプレーを得意とし、クサビを受ける際の細かい技術や駆け引きも得意としていた。その素材を見込んだ小林が福岡のチーム統括グループ長だった前年、柏レイソルから期限付き移籍で福岡に加入させている。一方、名古屋からの期限付き移籍2年目を迎えていた豊田は太い体幹を生かしたキープ力はあったが、長谷川ほど足元の細やかさや正確な技術はなかった。しかし小林は、「そこを改善すれば、伸びる」と確信し、成長のための大切な過程ととらえて指導を続けた。

指導の際、自分が身振り手振りで見本を示すことも多かった。「相手がこう来たらこっちにターンする。こっちから来たらこう……」。傍らでじっと見入る豊田の脇で、くるくると回りながら必死に伝えようとする小林の姿を、練習見学の多くのサポーターも目撃していた。

この練習を何日か続けて迎えた試合で、指導を受けた選手が得点を挙げる確率が高かった。指導を受けたまさにその得点パターンではなくても、ゴール前で落ち着いてプレーできることでチームのチャンスを増やしたり、全体に良い影響を与えることで、自らのチャンスを増やすことにもつながった。

豊田は２００８年の北京五輪代表に招集され、チームで唯一の得点を挙げた。そして帰国後、シーズン終盤にかけてゴールを量産し、山形昇格の原動力となった。

山形という地域に愛された指揮官

守備をベースに、とりわけＪ１では力の差がある相手に押し込まれ、押し返せないまま耐える展開も多かった。ただ、そこでの粘り強さや耐えて踏ん張る姿は山形の県民性と重なる部分があり、県民の心に響いていった。テレビドラマになぞらえられ、「おしんサッカー」と呼ばれたのもちょうどその頃だった。

初のＪ１昇格、２度の残留。そうした成功を積み重ねながら、モンテディオ山形は県民の心に根ざす存在となり、その指揮を執る小林伸二の知名度も上がっていった。

東北の地方クラブである山形は、モンテディオの情報を伝える県内向けメディアが充実している。テレビではＮＨＫと民放４局。Ｊ１昇格を機に、それまで取り上げていなかった局も月曜日の夕方のニュースの時間帯に試合のレビューを報道したり、個別に選手を紹介したりするコーナーが新設されるなど、チーム情報が露出される時間は一気に増えた。テレビ以外にも、地元紙やスポーツ紙、雑誌、ラジオなど、チームの情報を発信するメディア環境には恵まれていた。

加えて、県内には他のＪリーグクラブやプロ野球など、競合するスポーツチームがほかになかったことも幸いした。

県内には、バレーボールVリーグ女子のパイオニアレッドウィングスが、モンテディオと同じ天童市に活動拠点を置いていた（２０１４年に廃部）。レッドウィングスは栗原恵や吉原知子といった全日本クラスの選手を擁し、２度のリーグ制覇を達成している。

しかし、モンテディオのJ1昇格はそれをはるかにしのぐボリュームで県内に報道された。テレビでは小林監督のインタビュー映像も頻繁に流れるようになり、老若男女、知らない人を探すほうが難しいほど、知られる存在となった。県知事以上の知名度があると言っても過言ではないほど、県民にとって近しい存在になった。

山形県内では、その熱血指導者という以上に、親しみやすいイメージで受け取られることが多かった。一つ聞けば10も20も返ってくるような話好きで、話しても話しても疲れた様子を見せず、さらにパワフルに話し続けた。

練習後の囲み取材も毎日対応した。人によっては「この人はこれぐらいの理解度だから、このへんまで話をしておけばいいだろう」と人を見て情報量を加減するケースもあるが、小林はそういった斟酌をせず、誰に対しても、どんな質問に対しても、常に熱を込めて話し続けた。

時には、これから対戦するチームの情報をそこまで明かしてしまって大丈夫なのだろうかと、聞いているこちら側が心配になるほど情報を明かしてくれることもあった。相手への信頼がなければ、おそらくそこまで話すことはなかっただろう。まず小林の側からオープンな態度を示すことで、相手との信頼関係構築につなげていった。

囲み取材が長くなる理由は、小林が話好きだということ以外にもあった。

なにしろ話が抜群に面白い。取材していても、いつまでも聞いていたいという気持ちになる。

J1に2度残留する間、山形の練習環境は一気に改善され、2011年6月に天然芝のグラウンドがそれまでの1面から2面に増えている。新しいグラウンドでのトレーニングを終えたときのコメントはこんなふうに始まった。

「芝がすごく良くて、違うんだね。ボールになじんでいるし、パススピードなんかも悪いのがすぐ見えるじゃないですか。いい感じで、このグラウンド。すごい。愛情だね、これは。愛情がなかったんだ。……カネがなかったのかな？（笑）　カネがなくても愛情あったら育つからね。そこだね。（チーム作りにも当てはまる？）チーム作りもそうそう……変なことしゃべっちゃった（笑）。でも本当に、顔が上がるし、ボールが走るし、楽しいです、見ていて。すごくいい。良くなる。絶対良くなる、これ。『良くなる理由は芝だ！』、6月（成績が）良かったらそういうことになるわけね。昨日も良かったし、今日もテンション高いもん、ボールが走るから」

笑わせる話ばかりではない。2011年終盤、すでにクラブの降格が決定した中、自らはシーズン最終節まで指揮を執ることが決まっていた時期のこと。チームを率いる難しさをこう話している。

「いろんな選手からコーチングが出ているんですよね。あれでストレスを受けるときもあれば、『分かった』ってなるときもあるんだけど、あそこをクリアすれば。言ってOKのときと、分からんというときとあると思うのね。ゲームのときは勝ち気なんで、終わった後に確認がいるし、そこを確認しないとどこかでストレスになったり、人の話を聞かなくなったりするじゃないですか。一番怖いのは、指導者がコーチングをしたときに、もう聞かないということ。自分は現役のときにあるんだけど、『もうこの選手は伸びない、と解釈する』って言われたことがあるのね。25、26歳のときに。ぶつかって、指導者の意見を聞かない自分があって、そのときに、『指導者の意見を聞かない↓自分から伸びようとしない↓チームには要らない』となるので、心を開いておくというのがすごく大事なことであって、いろいろストレスを受けているかもしれないけど、聞く耳を持つというのは伸びることだと思います」

このまま講演会として人を集められるだけの中身の濃さであり、お笑い芸人で売り出しても成功するのではと思わせるほどの話術だった。

囲み取材が15分程度で終わると記者同士で「今日は短かったな」と話すほどだった。これまでの囲み取材の音源はほぼ全部ICレコーダーに録音されているが、平均すると20分から30分程度。質問が途切れないときは1時間近く話をしてくれることもあった。そんなときも含めて、「まだ話が続くのか」とイライラしたり、嫌悪感を表すようなことが取材側にも、ただの一度もなかった。その場を仕切る広報担当者は当然、「長くなったのでそろそろ……」と切り上げのタイミングを図ろうとするが、そこから10分以上も話が続くこともあった。

話をする相手はメディアの人間ばかりではない。

ある日のこと。全体練習が終わり、練習場から引き上げる前にスタッフらと30分ほど立ち話をし、ようやく引き上げてきてメディアとも30分ほど話をした。ここで終わりではない。クラブハウスに戻る前には、練習見学に訪れたファンやサポーターとのファンサービスが待っている。

一人ひとりとていねいに会話をかわすため、すべてのサポーターとのファンサービスを終えるまでにはさらに数十分かかる。何度も練習場を訪れている常連のサポーターとは談笑し、話が盛り上がるため、なかなか次のサポーターの方向へ足が向かないこともあった。

小林とのおしゃべりを楽しみに足を運ぶサポーターも多かった。

小林がスタッフやメディアと話している間も、帰らずに待ち続ける人が大勢いること自体、普通では考えられないことだったが、どんなに長く待たされても、小林との話を終えたサポーターたちは満足げな表情を浮かべて帰路についた。

巧みな話術もさることながら、親しみやすいキャラクターも、地方の一都市である山形では好意的に受け入れられた。

クラブでは県内山辺町にある再生棚田での米作りに参加することになり、春の田植えや秋の刈り取りの時期にはチームから選手やスタッフを派遣している。小林もほぼ毎回参加したが、田んぼに立たせれば風景に溶け込んだ。「ＪＡ」と書かれた帽子をかぶれば、何十年も米を作っている「農夫のおとっつぁん」と化した。

夏には、山形市で行われる「花笠まつり」パレードに参加した。ユニフォームを着用すれば辛うじてチーム関係者と判別できるが、やはりここでも「地元の人感」は半端ではなかった。花笠を使った見よう見まねの踊りはきれいな型ではなかったが、なぜか見る者を楽しませることができた。根っからのパフォーマーであり、エンターテイナー。その素養を存分に発揮した。

仮にもＪリーグの監督である。

サッカー界でも選ばれしほんのひと握りの職業。世の尊敬を集めてしかるべき存在だが、あまりにも親しみやすいキャラクターがそうした威厳を吹き飛ばしてしまう。サポーターや県民に「近い距離にいるのではないか」といつでも感じさせる存在だった。そうした距離の近さは、小林自身も感じていた。特にその思いを強くした経験が、冬の雪かきだった。

山形は言わずと知れた積雪地域。シーズン中の3月や11月でも練習グラウンドには容赦なく雪が積もることがある。雪が積もれば練習できるスペースを確保するため、小林をはじめとするコーチングスタッフやチームスタッフ、フロントスタッフが総出で雪かきを行った。明日の練習場所を確保しようと数時間かけて雪かきをしたスペースがひと晩で真っ白になり、早朝からまた雪かきをやり直すこともあった。貴重な時間を削られ、体力も消耗するが、背に腹は代えられなかった。

そうした中、山形には、チームが事前に呼びかければ雪かきを手伝うサポーターが存在する。除雪に重機を使えない天然芝で広いスペースを確保しようとすれば、人手が欠かせない。早出のスタッフが動き出す朝7時頃から参加するサポーターもいて、最終的にその数は数十人まで増えることもあった。

「考えられないよね。これだけの重労働を。お金もらってやってるわけでもないのにね。

ありがたいよね」

目を細めてしみじみと語る小林の姿が印象的だった。

就任4年目の冬、ついに別れの日が来た。

2011年12月3日。山形の監督として最後の試合は、現役時代にプレーし、指導者としての一歩を踏み出した広島が対戦相手だった。結果は1―3。「集大成などではない。とにかく修正したい」と指導者としての意地を見せて臨んだが、その思いは通じることなく、6連敗でチームを去ることになった。

試合を終え、最終節のセレモニーで場内を1周する途中、ゴール裏に来たところで小林はマイクを握った。山形のサポーターへ向けた正式なあいさつとしては、これが最後のものとなった。

「私はここで去りますけど、私自身もこの悔しさをバネに、次の仕事に入りたいと思います。選手、スタッフはもう一度チャレンジできます。ぜひ早いうちに、この悔しさを持っているうちに、J1に上がることだと思っています。どうぞみなさん、来年もこれ以上にあたたかく応援してやってください。本当に4年間、どうもありがとうございました。今年は、どうも、みなさんの期待に添えなくて申し訳ありませんでした」

そう話したところで、スタンドのあちこちから「そんなことない！」という声が聞こえてきた。それを聞いた小林は、数秒間、言葉を詰まらせた。

クラブをJ2に落としてしまったと責任を全身に感じてスタジアムを周っていた小林に、スタンドの声はあたたかかった。降格の責任を問う声もあったのかもしれない。しかし、4年間良い夢を見させてくれた指揮官に対する感謝の気持ちがそれをはるかに上回っていた。

小林は、最後まで言葉を継いだ。

「今までいくつかのクラブを歩いて来ましたけど、（モンテディオ山形は）とても素敵なクラブで、それ以上にサポーターの方の素晴らしいあたたかさが（あって）。この苦しい中でもシーズン最後まで仕事をやらせてもらったと思っています。本当にありがとうございました。離れてもモンテの情報を取り、しっかり応援したいと思っています。どうぞ来年も、モンテをよろしくお願いします」

小林は愛されたまま、山形を去った。

戦力的に厳しいチームを率いてＪ１で戦い続けた。最後はどんな手を打っても状況を覆せず、心身ともに厳しい中での試合が続いた。最下位での降格という責任も負い、心労もかなり感じているように見えた。山形のＪ２降格が決定した後、「少し現場から離れてみるのもいいのではないか」と自らの今後を話す時期もあった。

しかし間もなく、Ｊ２・徳島ヴォルティスからトップチーム監督就任の要請が届いた。家族や周囲とも相談し、引き受けることを決めた。その結果、現場から離れることなく今日に至っている。

「昇格請負人」に託された未来

徳島では、就任2年目の２０１３年に、4位で進出したＪ１昇格プレーオフを勝ち抜き、自身3度目となるＪ１昇格を成し遂げた。徳島でも新たな時代の扉を開けた。しかしワンシーズンでの降格となり、１年でのＪ１復帰を目指して臨んだ２０１５年も、Ｊ２・14位と振るわなかった。小林はこのシーズンをもって徳島を退任することになった。しかし、またしても声が掛かった。

２０１６シーズン、指揮を執るのは清水エスパルス。Ｊリーグ創設から、初の下部降格となった名門クラブが、熱い指導の「昇格請負人」に未来を託したのだ。

どちらかと言えば、小林のこれまでの3度の昇格は、戦力的には厳しいチームや経験値の浅いチームにしっかりと戦術を植え付けながら強くしていき、つかみ取ってきたイメージがある。

清水はＪ２の中では個の能力が高い選手がそろい、戦力的には恵まれている。２０１５シーズンのＪ１ワーストとなる65失点を喫した守備の立て直しは大きな課題だが、１月８日に行われた新体制発表の記者会見では、５バックで守る「３―４―２―１」システムが多いＪ２の中でどう点を取っていくか、その具体的なプランに早くも言及している。そうした具体策とは別に、シーズンをとおして戦う上でのアティテュードを示した言葉が、まさに小林節とも言えるものだった。

「昨年（15年）は勝てなかったというところで、少し自信を失っている可能性があります。今年はカテゴリーは違いますが『勝つ』ということで、自信を取り戻していく。そのためには1年を通じて戦える集団にする必要があります。戦うということは当然、相手チームもありますし、ライバルもあります。もう一つ、一番大事な『自分自身と闘う』ということ。勝っているとき、負けているときに常にブレずに大事なトレーニングにしっかりと身を置くことができるか。本来大好きなサッカーをしっかりピッチで表現できるかということを手助けできればいいなと思っています。そこが一番大事ではないかと思っています。勝つと盛り上がるし、負けてもブレずにシーズンをとおしてやることです。答えは必ず現場にしかない。我々スタッフとのコミュニケーションが、一番答えが出ると思います。そういった大人としてコミュニケーションが取れる選手づくりをしていきたいと思っています」

清水とともに降格したのは、松本山雅FCと山形。監督を務める反町康治、石崎信弘はそれぞれ続投となったが、降格3チームを率いるのが、奇しくも過去3度昇格経験のある3人ということになった。今シーズンは史上最多となる4度目の昇格を懸けることになるが、その結果がどうなるのかは分からない。ただ、まだまだ現場に立ち続け、選手や、サポーターや、取材者を育て続けていくのだろうなという確信は揺らがない。

第三章

石﨑信弘

文――江藤高志

石崎信弘

Nobuhiro ISHIZAKI

■指導歴

年	クラブ	リーグ	順位
1995	NEC山形監督	JFL	10位
1996	モンテディオ山形監督	JFL	8位
1997	モンテディオ山形監督	JFL	5位
1998	モンテディオ山形監督	JFL	3位
1999	大分トリニータ監督	J2	3位
2000	大分トリニータ監督	J2	3位
2001	大分トリニータ→川崎フロンターレ監督	J2	7位
2002	川崎フロンターレ監督	J2	4位
2003	川崎フロンターレ監督	J2	3位
2004	清水エスパルスコーチ→監督	J1	14位(2nd)
2005	東京ヴェルディ1969コーチ→監督代行→コーチ	J1	17位
2006	柏レイソル監督	J2	2位
2007	柏レイソル監督	J1	8位
2008	柏レイソル監督	J1	11位
2009	コンサドーレ札幌監督	J2	6位
2010	コンサドーレ札幌監督	J2	13位
2011	コンサドーレ札幌監督	J2	3位
2012	コンサドーレ札幌監督	J1	18位
2013	杭州緑城(中国)U-18監督	―	―
2014	モンテディオ山形監督	J2	6位
2015	モンテディオ山形監督	J1	18位

1958年3月14日生まれ。広島県広島市出身。現役時代のポジションはDF。広島工業高→東京農業大を経て1980年、東芝サッカー部(コンサドーレ札幌の前身)に加入。粘り強いディフェンスを持ち味として活躍。88年に選手兼コーチとして就任。93年、引退。1年間の会社員生活を経て95年に旧JFLのNEC山形監督就任。選手を鍛え抜く練習は厳しい。愛称は「ノブリン」。

広島のサッカー、その源流

文・江藤高志

初めて日本にサッカーが伝来したのは、１８７３年のことだとされている。日本サッカー協会のホームページによると、「イングランドサッカー協会（Ｔｈｅ　ＦＡ）創設から10年後、１８７３（明治６）年英国海軍教官団のＡ．Ｌ．ダグラス少佐と海軍将兵が来日し、東京・築地の海軍兵学寮（後の海軍兵学校）で日本人の海軍軍人に訓練の余暇としてサッカーを教えたことが定説になっている」とされている。その後、サッカーは神戸などにも伝わり、徐々に日本国内に浸透していった。

日本サッカーの黎明期には、日本各地に幾つかの拠点ができるが、その一つとなったのが広島だ。広島にサッカーが伝わるきっかけは第一次世界大戦だった。

石﨑信弘が中学生のころ。日本には御三家と呼ばれるサッカー強豪県があった。埼玉、静岡、そして広島。広島市内に点在する中学校の中で特に強かったのが広島市立似島《にのしま》中学だった。似島中は1970年に開催された第一回全国中学校サッカー大会で準優勝するなど結果を出していた。当時、人口3，000人弱のこの島の中学校が強豪校になるのにはわけがあった。

時代は1914年に遡る。この年、ヨーロッパを主戦場とする第一次世界大戦が勃発。ヨーロッパは激しい戦火にさらされていた。この戦争の当事者となったドイツに対し、英国が宣戦を布告。日本は日英同盟に基づき、ドイツに対して宣戦することとなる。日本はドイツが権益を持つ中華民国山東省の青島でドイツ軍と戦火を交え、さらにはドイツが植民地支配していた南洋諸島にも進出しこれを攻略した。日独戦争は一カ月半ほどで終結し、降伏したこのドイツ軍人などを捕虜として日本国内14箇所に設置されていた収容所に収容した。

広島は似島に建設された検疫所と、それに併設された「ドイツ人俘虜収容所」に多くのドイツ人捕虜が収容された。

似島に収容されたドイツ人捕虜の中には特殊技能を持つ人材も含まれていた。例えば日本で初めてバウムクーヘンを焼いたカール・ユーハイム（ドイツ菓子・ユーハイムの創始者）、日本にハム、ソーセージの製造技術を伝え、甲子園で初めてホットドックを販売したヘルマン・ウォルシュケ。そして、広島にサッカーを根付かせたドイツ人捕虜たちの「似島イレブン」と呼ばれるサッカーチームだ。

彼らドイツ人捕虜は比較的自由な活動が許されていたと伝えられており、１９１９年1月26日には広島高等師範学校（現・広島大学教育学部）に出向き、高等師範学校を含めた広島のチームを相手に試合を行っている。なお、これが日本初とも言われる国際親善試合として伝えられており、山田正樹さんという方が残された詳細な記録を元に２００６年に『歴史発掘スペシャル　ドイツからの贈りもの―奇跡の絆の物語』というタイトルのテレビ番組も制作されている。

なお、似島イレブンのメンバーの一人であるフーゴ・クライバーはドイツに帰国後クラブチームを創設した。バンバイルSVというこのチームが幼少期のギド・ブッフバルト（元・ドイツ代表。浦和レッズでプレーし、後に浦和の監督を務めリーグ優勝とＡＣ

L制覇を果たす）にサッカーを教えたというのだから世界は狭い。いずれにしても、広島に古くからサッカーが根付いていたのはこうした背景があった。

変わらぬ信念を育んだ時代背景

そんな広島に石﨑信弘が生まれたのは1958年の3月14日。子どもの頃から活発で、2歳のときには車にはねられている。父の逸雄さんは「元気が良過ぎて車にはねられて。うちの前の魚屋さんから『石﨑さん、あんた方の息子さんじゃろ。はねられたよ』と言われてね」と当時を振り返る。「意識がなくなったんですが、腕の一本くらいやるからとにかく命だけは」と必死で祈ったという。その思いが通じたのか、石﨑はすぐに回復し退院。すくすくと育っていく。ただ、母のツユ子さんはヘディングが当然のサッカーを続けさせることにはずっと反対で、中学くらいまでは「やめー、やめー」と言い続けたという。中学生の頃に母親から好きなスポーツを反対されるのは男の子としては嫌なものだと思うが、逸雄さんが「明るくて優しい子だった。母の後ろから付いてくるような子だった」と言うように、母親思いの子どもだったという。いずれにしても、我が子を心配する母の思いは結局通じず。ツユ子さんは、石﨑にサッカーをやめさせることを中3のときに諦める。

この頃を知る同級生は、「イシのサッカーの技術は中学生の頃に急に伸びた」と振返る。また、「持久力に関しては市内でもナンバーワンだったと思います」とも話しており、広島市内では知られた存在でもあった。この頃石﨑は、当時行われていた神戸市の代表との交流戦を戦うために、広島市内の選抜チームメンバーにも選ばれている。サッカーは、石﨑が努力して打ち込める存在だったのだろう。逸雄さんは「中学3年のときに帰って来るなり泣いたことがあって。『負けたー』言うてね」という出来事を覚えているという。

ちなみにその頃の石﨑のこだわりが髪型。同級生は発言する。「僕らの代から頭髪は自由になったのですが、イシだけは坊主。なぜだか坊主」だったという。

石﨑が昔から度々口にする言葉がある。「向上心」だ。何事にも向上心をもって臨めば、自ずと結果は付いてくる。そんな信念の根底にあるのは、石﨑が育った「時代」にあるのかもしれない。石﨑は、いわゆる高度成長期に育っている。

東海道新幹線が開通したのが1964年10月1日だから小学校1年生のとき。この年の10月10日に開幕する東京五輪に合わせて開業した東海道新幹線は、いまも日本を縦断する重要な交通インフラだ。小学校6年生となった1969年7月にアポロ11号が月面に着陸。中学校入学直前の12歳の誕生日が大阪万博の開幕日だった。1970年3月14日から9月13日まで183日間にわたって開催されたこの大阪万博は6，421万8，770人もの来場者を集めた巨大なイベントで、当時の日本人の半数が訪問した計算になるほどだった。日本人に戦後復興と高度成長を実感させる催し物だったのだ。この大阪万博を石﨑は父親などとともに訪れていたというが、あまりに混み過ぎでまったく楽しくなかったという。

いずれにしても、当時の日本は、働くことで日本中が成長する実感を感じられる世の中になっていた。そんな戦後の荒廃からの復興を実感できる日常の中に生きたことも、努力の大事さを前向きに捉える石﨑の人格形成に大きく寄与したのかもしれない。

そんな石﨑がサッカーと接するのが小学校3年生のころ。野球好きの父の影響でキャッチボールをしていたこともあったというが、うまくキャッチボールができずサッカーを始めたのだという。瞬発力はなかったというが、持久力はずば抜けており、昔は当たり前にあったシゴキで走らされても飄々とこなしていたという。心肺能力に絶対の自信があっただけのことはあって、高校生時代にはお盆に行われた練習に参加した後、父方の実家がある倉橋島まで一人自転車で向かったこともあった。自動車でも1時間半ほどの距離があったというから、距離にして50km程度はあったはず。そこを一人自転車で向かったのだから、かなりの健脚だった。

話は前後するが、中学生時代というのはスポーツ系の選手にとっては厳しい時期だ。これはいまに続く日本スポーツ界の課題として挙げられるが、石﨑が所属していた広島市立中広中学校にもサッカーを教えられる教員がおらず、キャプテンの小畑直久が中心となって練習メニューを考えていた。小畑は練習メニュー作成のため、サッカーに関する指導教本を参考にしていたが、この指導教本を作成した人物が後に広島県立広島工業高等学校（県工）の教諭として赴任することになる松田輝幸だった。

松田は、故デットマール・クラマーに直接指導を受けた指導者の一人だった。クラマー氏を講師とする「ＦＩＦＡコーチングスクール」という指導者講習会が、１９６９年に検見川で開催された。この講習会には、イラン、スリランカ（当時はセイロン）、インドなどアジア12カ国から指導者が集まり、３カ月に及ぶ日程で行われている。参加したのは、実業団ではヤンマーや八幡製鉄所、日立などから６人。高体連からも６人の指導者が受講している。また、後に日本サッカー協会会長を務める故長沼健、岡野俊一郎といった重鎮が助手として参加。この講習会の日本人受講者は僅かに16人ほどで、その中の一人が松田だった。

１９６４年の東京五輪に向けて強化された日本代表チームは、続く１９６８年のメキシコ五輪で銅メダルを獲得。この成果を陰で支えたクラマー氏の教えを松田は受けており、広島に帰ると広島県の高体連が主体となって、小学校から大人まで一貫したスクールの開催を決定した。このスクールは月に1回ほど行われていたという。このために、松田は50〜60ページほどの指導教本を作り、参加者に配布した。指導者不在の中広中学での練習時に、小畑が参考にしていたのがこの教本だった。

高校進学にあたり、自分たちのサッカーの基礎を作ったその当事者が赴任すると聞き、石崎は県工入学を決める。

その松田の指導方針は石崎に似たものがある。石崎の同級生の古田敏行によると「松田先生はテクニック重視。（当時県工と双璧をなしていた広島県立国泰寺高校の）山成宣彦先生はフィジカル重視でした」と振り返る。古田は県工卒業後に実業団チームに入るが、その後広島に帰郷して県工のOBチームに加入。松田に当時の話を聞いていたとき、思い出に残る言葉を聞いたという。

「松田先生は『高校で優勝せんでもいい』とおっしゃっていた。将来通用する選手を作るという感覚を持たれていた。だから『無理に毎日10km走らせてそれで勝てたとしても、そのために何人の選手が潰れるか分からない。そこまでして優勝しようとは思わない。ワシは日本リーグで通用する選手を作りたい』のだと話されていました」

いまでは当たり前だが、当時は珍しい、ビブスを使った練習もよく行われていたという。「当時では、トップクラスの指導者だったと思いますよ。いまの感覚からいくと、そんなに難しいことではないと思いますが、その頃からビブスを使ってフリーマンを作って練習していましたから」（古田）。

この松田との出会いが石崎の指導者としての輪郭を形作っているのは間違いない。というのも石崎は、自らの指導者のスタイルとして「先しか見られない」と嘆くからだ。柏レイソルを率いていた2008年に取材した際、石崎に「育てるという視点で指導されていますよね」と問うたことがある。石崎の答えは「まあね。で、ワシいうて短期で物事考えられないんだよな」というものだった。つまり、目先の試合に勝つために、練習するわけではないということ。そこで「そういう意味で勝負弱いということも言えるんですかね」と問うと、「かも分からん（そうかもしれない）」との答えが返ってきたことがあった。

若い選手を鍛えながらのチーム作りを得意とする石崎にとって、予算が限られたクラブからのオファーは、そういう意味で自身の特徴に沿っているのかもしれない。1995年に初めて率いたNEC山形（後のモンテディオ山形）はもちろん、大分トリニータもそうだった。川崎フロンターレはチームが壊れかけていたところからの再生劇だった。

「（自分が）行っているチームというのは大体そういう（選手を育てる必要がある）ところばかり。山形も大分もそう。そういうチームを最初から預かってると、やっぱり物事が長くなってくるよね。目先じゃなしに。

若くて可能性のある選手を連れてきたほうが、彼らを鍛えていったほうが、面白いんじゃないじゃろうか」

弱小クラブが強くなる。その過程を、選手、クラブ、そしてサポーターとともに楽しむ、という発想を石崎は持っている。いずれにしても、「まずは選手を育てる」という石崎の指導理念の根幹となる考えは、県工時代に松田輝幸という先を見据えた指導ができる監督を身近で見ていたことも大きく影響しているに違いない。

松田に憧れた選手たちが集まった県工の中で、特に石﨑が親しくしていたのが金田喜稔だった。その金田とは、中学時代から対戦し続けており、「手強い相手」だとの認識を持っていた。石﨑は全体練習終了後、常に居残り練習を行い、金田と1対1をやっていたという。居残り練習ができたのも、松田の指導方針だった。練習をダラダラと行わず、2時間なら2時間できっちり終わる。6時なら6時で練習を切り上げる。ただし、そこから居残り練習するのは問題なかった。古田は当時を懐かしむ。「照明がついていましたからね」。「イシに付き合ったら帰るのが9時、10時になる」。石﨑はかなりの「練習魔」で、その練習に付き合っていたのが、金田だった。

「真剣勝負を2時間でも3時間でもやっていました。お互いに『やろう』ということで、ずっとやっていましたよ」（古田）。この居残り練習が白熱し、石﨑は終バスを逃すことも珍しくなかった。父・逸雄さんは言う。

「高校時代にはバスの最終がなくなって、トロリトロリ歩いて帰って来たこともあった。9時頃かな。何しろ最終やった」

それだけのサッカー漬けの毎日の中、確固たる自信を持つのは当然だ。そもそも中学時代には市内でも有名選手だったということもあり、高校でも自身のメンバー入りに絶対的な自信を持っていた。だからこそ「高校1年のときにメンバーを外されて嘔吐したこともあった」と逸雄さんは苦笑いする。「相当なショックだったようで、医者に連れて行ったこともありました」と話を続けた。

その当時の県工は、フラットな3バックを採用していた。スイーパー（センターバックの後ろに位置し、守備をフォローする役目）を付けるのが当然の時代に、石﨑は最終ラインでスイーパーとストッパーという一人二役をこなしていた。

「それができたのは石﨑だったから」と松田は述べる。それほどまでに能力は突出していた。しかし、そんな県工ではあったが、優勝候補と目されて臨んだ全国高校サッカー選手権での最高順位は3位。中学生時代に引き続き、石﨑は高校でもタイトルを獲ることができなかった。

高校卒業後は、東京農業大学から引き合いがあり、石﨑は進学を選択する。農大時代はサッカーはもちろん、ディスコが好きで、よく通っていたとも言う。また、世田谷区経堂にある下宿に金田喜稔（当時・中央大）や鈴木満（金田と中央大で同期。現・鹿島アントラーズ常務取締役強化部長）などを呼んでよく飯を食わせていたと言う。

二度の現役復帰と三度の引退

大学を卒業した石﨑は、西濃運輸サッカー部から誘われる。サッカーをやめても広島に支店があるため、戻って来られるという話だった。

ただ最終的には東芝へ入社することを決めた。当時、ＪＳＬ（日本サッカーリーグ）２部の東芝は、１９７９シーズンに優勝を果たし、ＪＳＬ１部・最下位の日産自動車との入れ替え戦に臨んでいた。広島県工時代の同級生だった金田は日産に入社が決まっており、二人で西が丘サッカー場で行われたこの入れ替え戦を観戦した。結果は、２戦２勝で日産が１部に残留。石﨑が入社する１９８０シーズンの東芝は昇格を逃し、２部で戦うこととなった。

東芝時代は知る人ぞ知る名プレーヤーとして鳴らした。選手としてＪＳＬ２部で９

シーズンプレーしており、5年連続ベストイレブンに入る程の実力を見せていた。東芝自体は1981年にJSL杯に優勝するなど結果が出ていないわけではなかったが、JSL1部昇格は88―89シーズンの2部優勝まで待たねばならなかった（なお、JSLは86―87シーズンから秋春制に移行している）。2部優勝を果たした88―89シーズンから石崎はコーチを兼任、指導者としての道を進み始める。石崎自身、初めて1部を戦った89―90シーズンの東芝は9位でリーグを終えた。

昇格2シーズン目の90―91シーズンは4位に躍進するが、この年に東芝はJリーグへの参入断念を発表。サッカー部にとっては残念な決定だった。そして、このシーズン中に石崎は半月板を痛め、一度目の現役引退を発表した。

91―92シーズンは当初、コーチ専任でスタートしたが、チーム事情からシーズン中に一度目の現役復帰。しかし、リーグ終盤に靭帯を伸ばしてしまい、二度目の現役引退。JSLはこのシーズンをもってその歴史を閉じ、Jリーグとジャパンフットボールリーグ（旧JFL）に別れることとなった。

ジャパンフットボールリーグ開催初年度となる92シーズンは、1年間コーチとして現場に立った。

１９９３年5月15日、東芝が参入を断念したＪリーグが華々しく開幕。石崎はこの年、二度目の現役復帰を果たし、ＪＦＬでプレーを続けた。話を聞いても本人は肯定しないが、二度目となる現役復帰の決断には、フットボーラーとして、自国で開幕するプロサッカーリーグに挑戦したいという気持ちもあったのではないか。そうした気持ちを持つのは当然で、安定した指導者よりも、プロサッカー選手という不安定な現役選手の可能性を模索するあたり、石崎のサッカーへのこだわりが伝わってくる。

幼い頃、サッカー雑誌を見て、友人などからあきれられながらも「マンチェスター・ユナイテッドの選手になる」と心に誓っていた石崎に残された最後のプロサッカー選手のチャンスだった。しかし、Ｊクラブからの誘いはなかった。

この93シーズンを終えて石崎は三度目の引退を表明。そのままサッカー部からも退くこととなった。以後、東芝に務める会社員として、社業に専念した。

後に石崎は、会社員として勤務した１９９４年の一年間は、自身にとって大きな経験になったと語っている。

広島弁で「死にそなかった（死にそうだった）」と表現する当時の仕事は、ＩＢＭとの合弁会社における液晶パネルの生産管理というもの。企業文化の違う二つの工場から指示を受け、それぞれが納得する落としどころを見つけるという業務は、とにかくきつく、厳しかったという。この企業人時代に、メンタル面で大いに鍛えられたのだと振り返る。

サッカーから離れ、社会人としての生活を始めた石﨑に訪れた転機は、同期の友人たちが開いた宴席がきっかけだった。

翌日に姫路への出張を控えていたある日、伊東で同期の集まりがありそこに誘われたのだ。金田喜稔や東京農業大サッカー部の同級生だった長澤和明などが参加するこの酒席に激務の間を縫って参加。この席上、石﨑はサッカー界への復帰を強く勧められる。そして後日長澤から連絡があり、ＮＥＣ山形（当時旧ＪＦＬ。後のモンテディオ山形）から監督のオファーをもらっており、サッカー界に戻るならコーチでどうだと誘われたのだ。

一部上場の大企業を退職し、明日をもしれぬサッカーチームにコーチとして赴く。これほどハイリスクな選択はない。さすがに人生の大きな岐路だということで、実家に電話をして相談した。父・逸雄さんは当時を振り返る。「こう言う話（山形でコーチの仕事）があるけど、どうしようか」。それに対し父は、「お前の人生じゃけーの。お前の思うとおりにせにゃしょうがないの」と伝えたという。

その言葉を受けた石﨑は翌日あらためて逸雄さんに電話し、「やっぱり山形に行くけー、東芝辞めるわ」と伝えた。「その決断に対しては何も言っていない。やりたいようにやらにゃ。監督してだめじゃったら、掃除屋さんでも何でもやればいい。何か仕事があるじゃろう」。父が突き放せたのは、石﨑に変なプライドがなかったからでもある。逸雄さんは言う。

「変なプライドは全然ないでしょう。鼻も高くない。生活ができればどこかで雇ってもらえばいいわ、という思いがありました。このときは心配していませんでしたが、その後、大分を首になってからは、心臓がドキドキするくらい心配でしたよ」

石﨑は安定した東芝を離れ、不安定な仕事になることが確実なサッカーの現場にコーチとして復帰することを選んだ。

石﨑は当初、NEC山形にコーチでしか就任できないと思っていたそうだ。というのも、指導者ライセンスを持っていなかったからだ。長澤監督のもとでコーチとして手伝えればいいと考えていた。

そのときにかの有名な「事件」が起きる。

長澤の長女であるまさみが「寒いところには行きたくない」とぐずったのだ。ちなみにまさみは後に女優として活躍するあの長澤まさみで、長澤は長女のこの言葉で山形行きを断念、その旨を石﨑に伝えた。当然、ライセンスを持たない石﨑は自分のコーチ就任も山形行きもなくなったものと理解していた。しかし、事態は意外な方向に進む。

会社員から、プロサッカー監督へ

そもそも山形にチームができたのは、1992年のべにばな国体がきっかけだった。

山形県はこの自県開催の国体に、山形県内に工場を持っていたＮＥＣが編成していたチームを県代表として送り出した。結果は成年で6位と優勝はならなかったが、国体後にチームをなくしてしまうのはもったいないのではないか、という議論が県内に起きていた。その結果、ＮＥＣ山形が旧ＪＦＬでのプレーを継続することとなる。そんな新チームの指導者として白羽の矢が立ったのが、ヤマハ発動機（後のジュビロ磐田）の監督として、旧ＪＦＬで優勝を果たした長澤だった。

長澤から断られたＮＥＣ山形は、ライセンスを持たない石崎を、監督待遇で迎え入れたいというオファーを出した。ライセンスは在任中に取得すればいい。降って湧いたこの機会に石崎は思い悩む。しかし、国内に16しかないチームの監督になれる。こんなラッキーで名誉なことはない。そんな発想でこれを受諾し、晴れて監督就任が決まった。まず就任初年度の１９９５年にＣ級を取得。96年にはＢ級とＳ級を取得する。まだライセンス制度がおおらかだった時代の名残でもある。

「96年はＳとＢを取りに行っていたから、８月以降は結構、チームを明けていたよ」と石崎。ちなみに石崎不在の間、山形の現場を任せられていたのが手倉森誠だった。

1993年からNEC山形でプレーし、95年限りで現役を引退した誠は、その後石崎の片腕として長く仕えることになる。このときの関係から、後にヘッドコーチとして大分に誠を呼び寄せる理由ともなった。

石崎は、95年から山形を率いてはいたが、ライセンス保有者として年間をとおしてしっかりと指導できたのは97年が最初。なお、石崎はそのシーズンを最後に山形を退団する予定だったという。しかし、クラブ側から「指導者がいなくなると、消滅してしまう」との懇願を受け、98年も指揮を執ることになる。

97年限りでNECがチームの運営から手を引き、98年1月、運営会社として「社団法人山形県スポーツ振興21世紀協会」が設立された時期だった。

慰留されて残留したその98年、モンテディオ山形となったチームは旧JFLで快進撃を見せる。リーグ前半戦で圧倒的な強さを発揮し、首位を走る。しかし、終盤戦に失速。ただし、東京ガス（現・FC東京）、川崎フロンターレといった当時の巨大クラブに次ぐ3位の成績を残した。

そして、この手腕を評価したのが大分トリニータだった。

大分を含む旧ＪＦＬ加盟チームのうち10クラブが、１９９９年に開幕するＪリーグディヴィジョン２に参加することになっていた。山形もその一つだったが、石崎は高評価してくれた大分に移ることを決める。新聞に小さく報じられた石崎の大分監督就任は、山形での実績を知る、ごく限られた人の話題に上る以外は大きく取り上げられるようなものではなかった。

Ｊ２初年度の大分トリニータは、誰からも期待されない小さな存在だった。

大分の低い下馬評と、快進撃

Ｊ２が創設された１９９９年。リーグに参加した大分は、その他の９クラブ（コンサドーレ札幌、ベガルタ仙台、モンテディオ山形、大宮アルディージャ、ＦＣ東京、川崎フロンターレ、ヴァンフォーレ甲府、アルビレックス新潟、サガン鳥栖）に比べると、いかにも存在感のないクラブだった。

サッカーファンに当時の10クラブの名前を聞いても、９つまで出た名前の最後に「なんだっけか、もう一つ」と言われるような存在にとどまっていた。他県のサッカーファンがそうであっても県民に支持されるクラブであればいいのだが、そうでもなかった。知名度は決定的に低く、それゆえに関心も低かった。そもそも98年までの旧ＪＦＬでは中位の成績しか残せておらず、サッカーが好きな層にとってでも「Ｊ２で無様な成績を収めなければいいだろう」というような雰囲気さえあった。

Ｊ２初年度を迎える大分のサポーターの間には「どうせ勝てないだろう」というような空気が充満しており、開幕から負け続けていたら「ほら見たことか、弱小チームなんだよ」という雰囲気が蔓延し、挙句の果てには負け犬根性が染み付く恐れすらあった。

チームの弱さに対し反発するのは理解できる。また逆に〝弱さ〟を受け入れる、受容の感情が浮かぶことも仕方がないと思う。怖いのは、そこに〝卑屈〟の感情が芽生えてしまうことだ。こうなるとクラブとして厄介なことになる。〝勝てない〟状態が通常で、〝勝つ〟ことが珍しいイベントとして認識されるようになると、もうそれは勝負の世界で戦うプロサッカークラブとしては難しい。「勝利は実力を超えたラッキーな出来事のようなものだ」と思うサポーターが大多数になると、そのチームはプロとしては戦える状況ではなくなる。負けに対して悔しがらないのは、チームを支えるという意味では、マイナスでしかないからだ。

シーズンを前にした大分の雰囲気は、そういう意味で際どかった。サッカーを知らない大多数の県民は「どうせ勝てないんでしょう」という空気に流されかけていた。だからこそ、石崎が残した功績は大きかった。

1999年3月14日。J2開幕戦。

西が丘では、FC東京が2-0でサガン鳥栖を破って開幕戦勝利を飾った。試合後、スタジアムを埋めたFC東京サポーターは、大分トリニータがホームでコンサドーレ札幌を1-0で下したとの場内アナウンスを聞くと大歓声を上げた。彼らは札幌を恐れ、大分を過小評価していた。

99年当時のJ2各クラブが札幌を恐れるのには理由があった。

日本代表をフランスW杯へと導き、98年の本大会で指揮を執っていた岡田武史が札幌の監督に転身していたからだ。マスコミはその岡田監督の動向に焦点を絞り、大分に大挙して訪れていた。そして、「大分の勝利」という衝撃的なシーンを目撃した。

大分は、優勝候補の筆頭に挙げられていた川崎フロンターレとの第2節も1-0で勝利を収め、これ以上ない順調な船出を切っていた。

なおこれは余談だが、札幌の前身は東芝サッカー部で、石崎が現役時代にプレーしていたチームだ。いまに残る赤と黒の縦縞はACミラン（イタリア・セリエA）のユニフォームを模倣して石崎が決めたもの。札幌に根付くクラブカラーは、石崎が選んだものだった。ちなみに石崎がデザインを模倣するのは東芝で二度目。一度目は広島時代、中広中学のユニフォームだった。アーセナル（イングランド・プレミアリーグ）のデザインを真似て、赤白のチームカラーを紺白に変えて使用したという。

当時のレギュレーションでの昇格条件は、リーグ戦で2位以内に入ること。その点で大分がそこに割り込むことを予想する専門家は皆無だった。

事情が分かる人ほど、下位に予想する。それくらいに大分の上位進出は厳しいハードルだと思われていた。だからこそ、開幕戦でいきなり達成したジャイアント・キリングには誰もが驚いた。後にサポーターグループへと発展した「トリニスタ」の代表を務めることになる大谷浩三は、なんとはなしに訪れた大分市営陸上競技場でのジャイアント・キリングに心を奪われ、熱心な大分サポーターになり、チームへの後方支援を続けることになる。

連勝で迎えた第3節・大宮戦で0―5の大敗を喫するようなこともあったが、その後もコンスタントに勝ち星を拾い続け、上位をキープ。第13節、ホームで鳥栖を4―0で下して首位に立つと、2―0で勝利を収めた第17節のアウェイ・新潟戦まで首位に立っていた。しかし、第18節のアウェイ・札幌戦でVゴール負けを喫すると、3位に後退。そのままズルズルと5連敗し、4位に順位を落とす。

そんな状況で迎えた8月31日の第23節。当時は「地域のお荷物チーム」でしかなかったヴァンフォーレ甲府のホーム戦。小瀬スポーツ公園陸上競技場には、1，517人の観客しか集まらなかった。また、甲府が0―4で敗れたという事情もあり、試合後の監督会見に出席した記者は筆者一人だった。珍しい出来事なのかとも思ったが、まだサッカーが地域に根付いていないころの旧ＪＦＬなどではよく見られた光景だとも聞く。Ｊ２だけで22クラブ、Ｊ３（Ｕ－23チーム含む）まで含めると全国に56クラブを数えるＪリーグの現在の姿からは想像できない状況が、当時のＪ２の水準でもあった。

一方、１９９９年の最終節を前に、大分ではトリニータフィーバーが起きていた。シーズン最終盤での大逆転劇が、大分の人たちの心を掴んでいたからだ。

このシーズンは、第19節終了時点で川崎フロンターレが首位に立つと、ほぼその座を守り続け、11月5日の第34節に鳥栖を下して２位以内を確定。翌、第35節で甲府を破り、最終節を残してＪ２優勝も決めていた。

残り一枠を争う最終節（第36節）に昇格の可能性を残していたのは、勝ち点62の２位・大分と、勝ち点61の３位・ＦＣ東京。当時のレギュレーションは、90分での勝利で勝ち点3、Ｖゴール方式による延長戦に勝てば勝ち点2、引き分けだと勝ち点1を得る仕組みになっていた。両者の昇格条件は少々複雑な部分もあるが、勝ち点は大分が1上回り、得失点差は大分が20、ＦＣ東京が15で、大分は5もの差を付けていた。ＦＣ東京がＪ１に昇格するためには、できれば大量得点を奪い、さらに90分でアルビレックス新潟に勝利すること。少なくとも負けてしまえば昇格はなかった。

このシーズンの大分はＦＣ東京と４戦して１分け３敗と一方的に負けていた。それでも最終節に90分で勝てば、ＦＣ東京の結果いかんにかかわらず、Ｊ１昇格が決まるという状況にまで持ち込んでいた。

話を少し前に戻す。大分を大きく利する、ＦＣ東京との得失点差５いう状況を作り出した戦いの一つとして、９月25日に駒沢陸上競技場で行われたＪ２第28節の戦いを記しておかねばならない。

第27節終了時点の首位は、勝ち点55のＦＣ東京。一方、大分は、勝ち点46の３位だった。大分にとっては、勝ち点９差で先行するチームとの直接対決。勝ち点差を縮める大きなチャンスだった。

大分は18分にアウミールに喫した１失点目を皮切りに次々とゴールを許し、86分までに大量４失点。ほぼ負けが決まった終盤のロスタイム。大分は神野卓哉がウィルからのパスをダイレクトで蹴り込んで１点を返すと、その直後にも川崎元気が右足を振り抜いて2点目を返し、スコアを2－4とする。しかし、さらに2点を奪うまでには至らなかった。口さがないFC東京サポーターは、大分が決めた2点を指して「東京土産！」とコールする始末。しかし結果として2点差で敗れたのだから、敗者が何を言っても負け惜しみでしかない。大分は、悔しさにまみれた。

会見で石崎は振り返る。

「今日からがラストスパートだと送り出した。相手の戦い方は分かっていたので、気を付けなければならないところも分かっていた。ただ、リスタートで（得点を）奪われてしまった。前半を0－2で折り返しましたが、1－2になると分からないと話していました。何度か良い形でボールを奪った場面があったのですが、相手の守備陣の戻りが早かった、東京さんとは、勝負に対する執念に違いがあったのかもしれません。勝ちたい気持ちは強かったが、負けてしまったのは私の責任です」

仮に、最終節で大分がモンテディオ山形に延長戦で勝って、FC東京と勝ち点で並べば、この「東京土産」の2点が大きなアドバンテージになっていた。後年石崎は、FC

東京サポーターから受けた「東京土産」コールを懐かしみながら眉間に皺を寄せた。
「そうなんじゃよ。あの2点があったから（最終節・山形戦はFC東京より大分が）有利だった。勝てていればな……」

いずれにしても、第28節終了時点でFC東京との直接対決に敗れ、勝ち点差は拡大。順位は3位のままだったが、残り試合数は8。つまり、仮に大分が8戦全勝したとしても、FC東京は3敗までは許容されるという状況にあった。

誰もがFC東京の昇格を疑わなかったが、ここから驚きの失速が始まる。第29節で山形に敗れたFC東京は、これを含めてその後4連敗。第33節で甲府から辛うじて勝利を得るが、第34節・大宮戦、第35節・仙台戦と再び連敗。7試合で1勝6敗の成績は、ナビスコカップを勝ち上がったことによる過密日程という事情があったにせよ、信じられない急失速だった。

一方、同じ7試合を大分は6勝（2延長勝ち）1敗で消化。最終節を残した段階で、大分は勝ち点62の2位、FC東京は勝ち点61の3位と立場が逆転していた。

舞鶴橋の悲劇

１９９９年11月21日、大分市営陸上競技場。４回戦総当りのＪ２最終節となる第36節。大分トリニータはＪ１昇格圏である２位でこの試合を迎えた。対戦相手は石崎と縁の深い、７位・モンテディオ山形だった。

最終節を前にして、降って湧いたような信じられないシチュエーションに、大分の地元マスコミは連日にわたって濃密な報道を行い、Ｊ１昇格に向けて県民を煽っていた。大分県民のみならず、目の前においしい果実をぶら下げられて飛びつかない人はいない。

それまでの平均観客数が３，１９１人の大分市営陸上競技場に、公式記録では１５，７０２人の観客が押し寄せた。まさに立錐の余地がないという表現以外の適切な言葉がない状態だった。大分がこのシーズンに発行していた回数券による入場も許したため、最早収拾がつかなくなったという事情もあったようだが、消防法との兼ね合いもあり、正確な入場者数は発表できないのでは？　とも思えるほどの観客が試合を見守った。

大分県のスポーツ史を振り返っても、地元のチームによる、地元でのここまでの盛り上がりを見せた興行は過去に例がないのではないか。そんな大一番だった。

当時はいまほど取材の規制が厳しくなく、入り口で報道陣は石崎を囲んだ。他人事のように受け答えをし、カメラから開放されたあと、筆者にボソリと「今日は多いね」と口にした。渦中の指揮官は、飄々とした表情を崩さすスタジアムに入った。

自分の起こしたムーブメントへの、無自覚な言葉が印象的だった。

スタジアムは、開門前から長蛇の列ができる賑わいを見せていた。開門されると、閑散としていたスタジアムが一気に賑やかになる。キックオフ1時間前には、メインスタンドは満席。山形サポーターの一群を除くほとんどすべての人が、大分のJ1昇格を見に来ていた。パンパンに膨れ上がったスタジアムの中で、その熱気をヒシヒシと受け止めながら試合は始まる。

大分はウィルと神野卓哉の2トップに、崔大植（チェ・デシク）を並べた攻撃陣が立ち上がりから山形の守備陣を圧迫。これに対し、山形を率いる植木繁晴監督は、とにかく負けたくないという思いからか、かなり守備に重点を置いた形で試合を進めた。その象徴となったのが、大分の攻撃の中心となるウィルへのマンマークだった。

「山形がどう戦ってくるのかを見ていましたが、ウィルに内山俊彦がマンマークで付いていた」と、試合後に石崎は語っているが、こうなることを予測していたのか、山形の出方を見るや、神野のワントップに変更。「（最終節の前に）ワントップのトレーニングをして、あとはセットプレーに気を付けるよう伝えておいた」と試合後に石崎が話す大分は慌てることなく試合を進めた。対する山形は、大分の良さを消しながらも、攻撃面でワントップの真下佐登史が大分の穴を狙う。まさに、息詰まる攻防が続いた。

前半を0－0で折り返した後半。山形の消耗とともに、じわじわと攻勢を強める大分が58分、先制点を手にする。左CKを得た大分。キッカーの崔大植が左足で蹴ったボールをウィルが頭で合わせた。瞬間、昇格が決まったかのような盛り上がりを見せたスタジアム。しかし、ここから山形が反撃に出る。

勝負事において、負けても失うものがないチームほど怖いものはない。まさにこの日の山形がそうだった。大分は防戦の時間が長くなる。64分には大分のＧＫ小山健二がバックパスをキャッチし、間接ＦＫを与えるが、守備陣が集中してこれを跳ね返し、事なきを得る。その後も山形の攻勢に粘り強く対応していた大分ではあったが、後半ロスタイムにドラマが起きてしまう――。

ロスタイムに突入することはその場の多くの人たちは認識していたものと思われる。ざわつくスタジアム。このまま１－０で終われば。大分トリニータのＪ１昇格が決まる。しかし、そんな昇格のプランが狂っていく。

きっかけは、山根巌のファウルだった。与えなくとも良かった位置で山形にＦＫを与えてしまうと、このボールをセットしたのが吉田達磨だった。

いまは引退し、２０１６年からアルビレックス新潟で指揮を執る吉田が左足で蹴ったＦＫがふんわりと上がる。それほど嫌な弾道ではなかったが、楽なボールでもなかった。ボールは、ＧＫ小山の伸ばす手の先をかすめて直接ゴールに吸い込まれた。公式記録での得点時間は、89分だった。

まさかの同点ゴールに呆然とする選手たち。あっけにとられるスタジアムの中で、山形サポーターだけが喜びに沸き返っていた。

延長に入った試合は延長前半2分に山形の平間智和が一発レッドで退場。ホームで数的優位となった圧倒的に有利な状況の中、大分は延長前半9分の村田一弘の決定機を皮切りに次々とチャンスを作る。

しかし、ゴールの瞬間にJ1昇格が決まるという状況が重荷になるのか、なかなかゴールを割れない。チャンスは作れど、決まらず。結局そのまま試合は終了。1−1。

大分の得た勝ち点は1だった。

同時刻に新潟市陸上競技場で行われていた新潟戦をFC東京が90分で勝ったため、最終節で勝ち点3を積んだFC東京が大分を再逆転し、土壇場でJ1への昇格を決めた。

大分の一度目の悲劇はここに完結した。


キャリア官僚として大分トリニータの設立に尽力し、後に社長を勤めた溝畑宏、政治家の立場からクラブ創設に尽力した平松守彦大分県知事（当時）が呆然とする試合後。夢が霧散したスタジアムは昇格を祝うはずの紙テープや紙吹雪が無意味に投げ込まれ、まさにゴミの山と化していた。

選手たちは、悔しさを押し殺しながら、それでも取材に応じた。

例えば厳しい守備をかいくぐれなかった神野卓哉は言う。

「緊張感もありましたし、いつもとは違う内容でした。自分の経験を出しているつもりでしたが、結果が残せませんでした。あそこで勝てていればと思います」

また、80分にエドウィンに代わりピッチに入ったFW竹村栄哉も言う。

「緊張はなかったです。いつもどおりの自分でやればチャンスが来ると思っていました。イシさんが（大分に）連れて来てくれた（99年中に水戸から移籍）のに申し訳なかった。しばらく（石崎監督の）顔を見られなかったです」

「選手たちはこの1年でよくやってくれたと思います。今年1年、このメンバーで戦えと言われてチームを預かった。最初は不安が大きかったのですが、自分のやりたいサッカーを話し、それを選手が理解してくれた。崔大植、ウィル、神野が良い攻撃を作ってくれた。Ｊ2からＪ1を目指すために、新戦力を補強して、来年こそはＪ1昇格を目指して頑張りたいと思います」。石崎は静かに怒涛のシーズンを振り返った。

Ｊ１昇格に圧倒的優位な立場から、試合終了間際での失点という劇的な展開による挫折へと、わずか１週間の間に振り幅の大きい感情を経験した大分県民はしかし、この悲劇的なドラマによってトリニータを〝認識〟することになるのだから物事は分からない。それ以前は街を歩いていても、トリニータという言葉が一言も聞けなかった大分市内で、試合日に信号待ちの一般市民から「今日トリニータ試合したんやろ？　どうやったん？」という程度には、話題に上るようになった。

２０００年。浦和とのデッドヒート

勝負事に絶対はないというスタンスの石崎にとって、Ｊ１昇格は不確実な要素の筆頭にあるものだ。ところが石崎はシーズン開幕前に「今年はＪ１に上がるためのシーズンではなく、Ｊ１に上がった後、簡単に落ちないためのシーズン」と発言。Ｊ１昇格を明言した。フロントもそんな石﨑を強力にバックアップ。99年の激闘に気を良くしたスポンサー企業の尽力もあり、大幅な戦力補強を断行、14選手を補強した。これにより、激しいチーム内競争が実現したが、選手の入れ替えに伴うコンビネーションの低下も見られ、シーズン当初は苦しい試合が散見された。例えば白星スタートした直後の第2節、第3節でいきなり連敗するなど、開幕ダッシュに失敗。1巡目に3敗。2巡目には3連敗を含めて4敗するなど苦しんだ。

そんな2000年におけるJ2最大のトピックが、ビッグクラブ・浦和レッズがJ2を戦うことだった。驚くべき動員力でJ2各クラブを潤し、その破壊力によりダントツの成績でJ1復帰を決めるものと見られていたが、苦手なチームに対する戦績は芳しくなかった。例えば、札幌には1分3敗と負け越し。新潟とは2勝2敗の五分の結果だが、アウェイで合計10失点するなど一方的な負け方をしている。浦和はシーズンを8連勝でスタートするも、第11節で山形に0－1で敗れて初の黒星を喫した。その山形とも2勝2敗とイーブンの星が残っている。

なお大分は、浦和と4度対戦し、1分け3敗と1勝もできなかった。悔しい結果だが、思い出深い試合を一つ挙げるとすれば、6月24日に行われた第21節の対戦であろう。浦和を追い詰め、勝利に肉薄した試合だった。

この試合、小野伸二を擁する浦和に対し、大分は山根巌、金本圭太の広島皆実高校の一学年違いのボランチコンビが的確にポジションを取って浦和の中盤を封じ込める。中盤でボールがキープできない浦和は、前線に配置したアンジェイ・クビツァへのロングボールでしか見せ場を作れず、大分が試合を支配した。

先制したのは立ち上がりから組織力をベースに浦和を攻め続けていた大分。35分にウィルが直接FKを沈める。大分市営陸上競技場の観客9，841人の半数以上が浦和サポーターで占められていたが、大分サポーターは歓喜に湧いた。しかし、組織で優っていたとしても、決定的な個の力を発揮されると局面では勝てない。それが70分の場面。山田暢久にドリブル突破を許すと、そのまま山田に同点ゴールを奪われた。圧倒的にペースを掴んでいた大分は、試合終盤にウィルが決定的なヘディングシュートを放つなど勝ち越し弾に近付くが、決め切れず。延長戦を戦い終えてもスコアは動かず1－1でこの引き分けとなった。石﨑はとにかくビッグクラブである浦和に勝ちたがっていた、この試合はそこに最も近付いた試合ではあった。

２０００年のＪ２は、札幌が席巻した。爆発的なスピードと決定力とを持ち合わせたエメルソンを軸に、播戸竜二などが活躍。第39節で湘南ベルマーレを下し、Ｊ１昇格を決めると、続く第40節で大宮に勝利を収めて優勝した。

残されたＪ１昇格枠が一つとなる中、昇格の可能性を残した浦和と大分が勝ち点２差の状況で最終節（第44節）を迎えることとなる。浦和と大分の得失点差は41で同じ。総得点が浦和80、大分79と拮抗した状況で迎えた最終節だった。大分は、引き分け以下でＪ１昇格がなくなる。だが、90分かＶゴール勝ちすれば、浦和の〝条件次第〟で昇格が決まる。ホームに迎えた相手は、第43節終了時点で４位の大宮。試合は、62分に加賀見健介が決めた先制弾を守り、大分が１－０で大宮を下した。

加賀見は、１９９９年の最終節に、ＦＣ東京の一員として新潟戦に先発出場し、チームを逆転昇格に導く決勝点を決めた選手だった。勝ち点３を手にしつつ、そんな縁起を心の支えにして駒場スタジアムからの試合結果を待った。

鳥栖と対戦していた浦和は苦しんでいた。大分からシーズン中に鳥栖に移籍したルシアノに同点ゴールを決められると、63分にはＰＫを与えてしまっていた。しかし、このＰＫをルシアノがミス。試合はＶゴール方式の延長戦へと突入した。

１９９９年の経験を経た大分サポーターたちは、勝ち点３を取り、やれるべきことのすべてをやり終えた選手たちとともに、試合後のスタジアムで朗報を待った。

しかし、サッカーの神様はまたもや大分に試練を与えた。ロッカールームで中継映像に釘付けになる大分の選手たち。だが、駒場から配信されてきたのは、浦和の延長Ｖゴールの映像だった。

続く２０００年も大分にとっては悲劇的なシーズンとなった。

石﨑の指導。下働きを厭わない精神

誰からも期待されていないチームを勝てるチームに仕上げ、シーズン終盤には昇格争いへと導く。その指導は熱く厳しかった。

監督に就任した1999年当時、大分はリバーパーク犬飼というグラウンドで練習を行っていた。大分市内から車で小一時間走った先に犬飼町という町があるのだが、この山中に天然芝のグラウンドが整備されていた。ここを借りてチームは練習を行っていた。99年当時、このグラウンドにはクラブハウスなどなかった。着替えはというと、見学者がほとんどいなかったこともあり、何人かの選手はその場で全裸になり、据え付けてある水道の水を直接浴びていた。また、J2初年度に19ゴールを上げてJ2初代得点王に輝く神野卓哉が、この犬飼のグラウンドに隣接する大野川で水浴び中に溺れかけたらしい。その出来事に「神野の川流れ」というある種〝遊び心〟のある名前が付けられたという話も聞いた。そうした噂話が真実のように広まってしまう。大分はJ2に所属してはいるものの、その実態はJリーグ所属クラブとして、まったくありえない状況にあった。そうした何もない環境で石﨑の仕事はスタートした。

当時のスタッフ陣は、監督の石﨑に、ヘッドコーチの羽賀康徳、そしてフィジカルコーチのコスタという陣容だった。指導者は3人のみ。ゆえに、監督自ら率先して練習の準備に当たらなければならない。ただ、これは石崎のいまに続く姿勢でもあるのだが、自らコーンを並べ、マーカーを用意する下準備をまったく厭わなかった。選手の誰よりも早くグラウンドに姿を現し、黙々とマーカーを並べる。練習時間に合わせて犬飼に到着した選手たちは、そうした石崎のサッカーへの真摯な態度を目にし、それが求心力にもなった。「チームの土台作りに長ける」といういまの評価に直結しているとも言える。

石崎が指揮するチームのキャンプを初めて訪れたのが、2000年。宮崎県延岡市で行われたキャンプだった。ここでは、心肺機能を高めることに重点が置かれたメニューがひたすら続いていた。

いまも多くのチームが同じようなスタンスを取るが、シーズン開幕前の春季合宿は「体力を蓄える場」として位置付けられている。シーズンオフの間、休めていた体にスイッチを入れ、長いシーズンを戦えるだけの基礎体力を底上げする。この時期にいくら走り込んでも1年の体力は付かないという説もあるが、石崎は「心肺機能は鍛えれば伸びる」という考え方でキャンプに臨んでいた。

キャンプでの石﨑は鬼になって選手を走らせたが、シーズン中も心肺系の練習に関しては変わらず鬼だった。

とにかく選手たちを追い込む。プロのアスリートが筋肉痛に悩まされるのだから、その負荷は相当なもの。そんな厳しい練習を、選手たちは時に笑顔を交えながら受け入れていた。そもそも石﨑が求めるメニューをこなせなければ、チーム内にポジションはない。もちろん、石﨑のパーソナリティーが選手たちを惹きつけていたことも事実だ。と同時に、１９９９年の信じられないような大躍進と、Ｊ１昇格を数十秒の差で逃した悔しい経験を経て、にわかに「Ｊ１昇格」という雲の上の目標が現実的なものになったこともある。それが選手たちの士気を高めていた。

サッカーをやる上では走る能力が大事との考えから、とにかく鍛えた。「３─４─３」の基本フォーメーションの根底にあるのは、「相手の良さを出させない」サッカーだ。そのためには常に相手ボールホルダーの前に、選手が立ちはだからなければいけない。よって、選手は走りを求められた。

フィジカルを鍛える際に徹底して使ったのが、フィジカルトレーニングと技術トレーニングを組み合わせた「フィジテク」というメソッドだ。これはボールを触りながら体力を付ける練習で、持久力とともにボールコントロールの向上も狙えるもの。

「やろうと思えばとことんまで追い込める。でも、手を抜こうと思ったら抜ける。やるかやらないかは本人次第」

選手個人の自主性に任せるスタンスは、石崎が常に取ってきた立場でもある。付いてくるなら引き上げる。そのまま腐るなら、はいどうぞ。

一見すると突き放すようなスタンスで選手に接した。ただ、歯を食いしばって食らい付く選手は重用した。石崎に出会い、腐りかけていた才能が開花した山根巌や、2000年の高卒ルーキー高松大樹。地元大分出身の川崎元気に加え、山形からともに大分に来た塩川岳人、若松大樹、山崎哲也。

後年、柏で自らを見つめ直し復活した李忠成や、川崎Fで指導を受け、石崎を追いかけ続けた岡山一成などはその典型であろう。

「石崎チルドレン」というよりは、「石崎組」というほうがしっくり来る泥臭い集団を形成する求心力を持っていた。

皮肉な解任劇と、揺るがなかった支持

2001年5月12日。大分市営陸上競技場で行われたJ2第11節の山形戦を0－1で落とし、大分トリニータは石崎信弘監督を更迭した。石崎の指導者人生の中で初めての解任の原因となったこの山形戦は、内容自体はそれほど悪いものではなかった。

当時、山形を率いていた柱谷幸一監督は試合後にこう語っている。「（大分のFW）クビツァのクサビがうまく機能していて、前半は（山形の）プレスが掛かりにくかったように思います」。だが、「ラインコントロールとアプローチで（大分のボールを）サンドして奪うこと。オフ・ザ・ボールの守備を徹底的にやって、守備から攻撃に移る。その二つのところをしっかりやれていた」と胸を張った。立ち上がりの15分ほどまで山

形は苦戦していたが「この時間帯以降はボールをつなげるようになりました」（柱谷監督）。

そうした相手監督の認識とは違い、石﨑の評価はもっと一方的だった。

「3トップで臨んで、前半はほとんど一方的に押し込んだ。その時間帯に点を取れなかったのが痛い。後半も立ち上がりにチャンスがあったが、そこで決め切れなかった」

実際に試合は大分ペースで進むが、思うようにチャンスを生かせなかった。しかも、警告が10、退場者も出る荒れ気味な内容になってしまった。

0－0で迎えた後半、70分に大分のスターレンスが退場すると、89分には吉田孝行がこの日2回目の警告を受け、ピッチを去る。対する山形も延長前半10分に佐藤悠介が2回目のイエローカードを提示されて退場。89分以降は大分が二人少ないという数的不利の状況を念頭に置けば、延長に入って山形がチャンスを作っていたという戦況の説明は付きやすい。結果的に、延長後半、110分に佐賀一平がVゴールを決めて、山形が競り勝つこととなった。

この試合の結果、11試合を終えた大分は6勝（1延長勝）5敗（2延長負）で勝ち点

17の7位（全12チーム）となった。このシーズン1巡目の成績について石崎は「6勝5敗で残念。負けた試合もうまくやれば勝てていました。今後はどううまくやるのかがポイントです」と悔やんだ。

ほぼ五分の勝ち星で、7位に低迷しており、数字上は結果が出ていないように見える。しかし、首位・仙台との勝ち点差はわずかに6。確かに、悲願のJ1昇格に向けてこれ以上負けられないという〝空気〟は出つつあった。その一方で、まだまだ巻き返しが可能なシーズン3巡ぶんの33試合が残されているという冷静な分析も可能だった。

それでも石崎が更迭されたのにはわけがある。

2001年の大分は、山形に敗れる以前から雰囲気が悪かった。有り体に言えば、チームは〝壊れて〟いた。練習場でジョギングする選手たちは言葉少なで、石崎の声は選手たちには届いていなかった。理由はあった。大分はこのシーズンを前に、無理な補強を敢行していたのだ。

2001年当時、J1昇格のためには2位以内に入るしかなかった。レギュレーションが変更になり、J2・3位がJ1・16位との入れ替え戦に臨んでいたのは、04年から08年までの5シーズン。09年から11年までは、J2・3位は自動昇格できた。2016年も引き続き行われるJ1昇格プレーオフは、12年から始まった制度だ。

石﨑は昇格とは無縁だと思われていた大分トリニータを率い、2年連続で2位に勝点1差の3位でシーズンを終えていた。大分に関わる多くの関係者は涙にくれたが、この「2年連続の悲劇」が昇格を切望するクラブの気持ちに火をつけた。メインスポンサーを筆頭に協賛企業が本気を出し、フロントは前年に続いて大型補強に踏み切った。

この2001シーズンを前に、大分が施した補強の主たる選手は外国籍選手だった。J2を1年で通過した浦和レッズに力を与えたポーランド人FWアンジェイ・クビツァ。1994年W杯アメリカ大会出場メンバーで、韓国でも指折りのテクニックを持つミッドフィルダーとして前評判の高かった崔文植（チェ・ムンシク）。そして、ベルギー代表としてW杯に3大会出場したロレンツォ・スターレンスの三選手だ。この補強はチームの縦のラインに強力な選手を並べた効果的なものに見えた。

J1昇格の切り札として行われた補強なのだから当然だが、この大型補強は石崎が残した戦績あってのものだとも言えた。理想的に進めば最高の結果を残せそうなこの補強の結果は、惨憺たるものだった。

チームをまとめることに困難を極めたからだ。

その最大の理由は、国籍がバラバラだったということ。まさに寄せ集めの補強でしかなかった。

ろくにフォアチェックのできないクビツァの穴が、ジワジワと最終ラインにまで悪影響を及ぼす。石崎の守備戦術は、選手たちの走りを前提にしており、その徹底なくして守備は成り立たなかった。テクニックに優れているとの前評判の崔文植ではあったが、ボールが集まらなければテクニックを見せようがない。試合中に彼が効果的に使われる場面はあまり多くはなかった。

守備に加え、得点力も見せていたスターレンスにしても、英語を使ったコミュニケーションは簡単ではなく、また、当時のJ2の試合環境自体が貧弱で、未整備な陸上競技場の厳しいピッチコンディションがスターレンスを心理的に追い込んだ。また、時に理不尽に思えるレフェリーの笛の基準の日本と欧州との違いに戸惑い、次第にフラストレーションを溜め込んでいった。

チームが空中分解したのは、そうした無理のある補強が遠因にあった。最終的に石崎が詰め腹を切らされた形ではあったが、前述の補強3選手は3選手とも、2001年中にチームを離れている。そういう意味でも、キャリアに傷を付けられた石崎にとって、災難のシーズンだった。ただし、これらの実情を知っていたサポーターも多く、退任が決まってからもクラブを離れる石崎を批判する声は表立っては見られず、それどころか更迭したフロントを糾弾する声のほうが支配的だった。

監督としての手腕はそれまでの2年間で十分示している。石崎に悪い感情を持つサポーターは相対的に少なく、もう少し具体的に言うと、愛されていた。

石崎がそれほどまでに受け入れられていたのにはわけがある。

サッカーがメジャースポーツではない日本という国において、特に、地方のクラブにとって必要なのは、サポーターを大事にし、面白いサッカーを見せるということ。

この理念を実現する一つの方策として、練習場を訪れるサポーターに積極的に接するという地道な努力が挙げられる。

「ファンサービス」。選手やスタッフのファン対応を指す言葉だが、石﨑の姿勢はファンにサービスするというものではなかった。

求められれば、話題が尽きるまでいつまでも話し続けた。それはサービスというよりはファンとのコミュニケーションと言うべきものだった。そんな石﨑を見た選手たちも、自ずとサポーターと親しく接するようになる。

「同じ力量の選手がいたら、イケメンを取るよ」と話していたのは、少しでも多くのサポーターを集めたかったからこそ。石﨑は、そこまで心を砕き、地域にサッカーが根付くための努力を続けた。

地域に受け入れてもらうためのもう一つの方策が、楽しいサッカーを見せることだ。ただ、相手に勝てばいいわけではない。より攻撃的なサッカーで相手を打ち負かす。石﨑はまた、そうしたサッカーを常々目指していた。「3―4―3」のシステムの根底にある、相手の良さを封じ込めるサッカーについてのこだわり。それが「相手の良さを消す」という表現を嫌う姿勢だった。消すのではなくて、「相手の良さを出させない」サッカーなのだと力説した。ピッチに表れる現象としては同じかもしれないが、「消す」よりも「出させない」という言葉にこだわったのは、そこに自分たちのスタイルを表す語感が加わるからだ。

伝わる語感が違えば、頭に浮かぶイメージも変わる。「消す」は相手に合わせるようなニュアンスで、消極的な語感になる。しかし、「出させない」は、その行動の主体があくまで自分たちになる。

自分たちがしかけることで、相手の良さを「出させない」。語感をも大切にして、面白いサッカーを実現しようと心を砕いた。ディテールにもこだわる姿勢を貫いて、目指す先にあるのは、楽しいサッカーだった。

試合では、相手チームのフォーメーションに合わせるスタイルで結果を出していた。当時よく使っていたシステムは「3―4―3」。相手のフォーメーションを「4―4―

2」と想定した際の並びだった。なぜ、「3―4―3」なのかと問えば、自らノートを手に取り、懇切丁寧にその理由を教えてくれた。

「3―4―3」は、2トップの相手に対し、1人余らせて3人で守り、4枚の中盤は相手と同数に。攻撃はまずは3人いればいいだろう。そんな説明をよくしてくれた。

フォーメーションや戦術に関するコンセプトは、個人事業主の監督にとっては企業秘密中の秘密なのではないのかと思えるが、これら情報を管理するという発想よりも、サポーターとの距離を縮めることを第一に考えるのが石崎信弘という人間だった。石崎にとって、サッカーをより多くの人に理解してもらうためには、サポーターや記者とのコミュニケーションは、絶対に必要なことだったのだ。

練習を見に行くサポーターには一人ひとりに丁寧に対応し、話は尽きることがない。これはマスメディアとの対応も同じで、請われればいつでもインタビューを受ける寛容さを持っていた。

筆者が石崎に初めて自己紹介したのは、1999年9月12日、アウェイ仙台の試合後のことだった。仙台の地に根付くサッカー文化に驚きを覚えつつ、監督会見に出席。その後、大分のロッカールームへと戻ろうとミックスゾーンを歩いている石崎に声を掛けた。簡単に自己紹介し、一度取材をさせてもらえないかと告げると、二つ返事で了承をもらった。その直後に、ホームゲームが行われ、試合後の大分市営陸上競技場の一室で取材を行った。大きめの会議室の中には石崎と私が対面して座り、取材を進める。端のほうでは石崎の奥さんと息子さん二人が母子の会話をしているという、ある意味、のどかな状況で行われた。

「サッカーを地域に根付かせたい」。その思いから、率先してメディアとも、ファン・サポーターとも積極的にコミュニケーションを取った。ファンと自身が会話することで、一人でも多くの人にサッカーに興味を持ってもらえれば、それが次の集客に繋がる。そうした信念のもと、日々を過ごした。そして、そんな石崎のスタンスは瞬く間にサポーターの心を掴む。大分サポーターからの根強い支持は、石崎が残した結果とともに、日々の対応によって培われたものだった。

2015年。大分トリニータはJ2・21位でリーグ戦を終えた。最後の望みを懸けたFC町田ゼルビアとのJ2・J3入れ替え戦に敗れ（第1戦・1－2、第2戦・0－1）、J3への降格が決定。

2013年にJ1にいたクラブは、僅か3年でJ3に転落。その事実には驚くほかない。そもそも大分は2015年、「J2優勝」の目標を掲げてリーグ戦に臨んでいた。この目標が決して高望みに思えないのは、大分が残してきた〝結果〟があるからだ。2003年に初めてのJ1昇格を経験すると、2008年にはヤマザキナビスコカップで優勝し、タイトルも手にしていた。

しかし、身の丈に合わない拡大路線の経営を続けたことで、2009年に経営破綻。積み上がった債務超過はクラブ存続を危ぶませる水準にあった。サッカー界の異端児とも言える溝畑宏元社長に率いられていたという事情はあるにせよ、なぜ大分がそこまでになったのか。

旧JFL時代、県民の支持もあまり得られなかったクラブが急成長し、フロントや周囲が良い意味でも悪い意味でも「夢を見られる」までになったのか。

それはひとえに石崎が作ったチームの〝基礎〟があったからだった。その基礎の上に、大分の歴史は刻まれてきた。

大分トリニータの2年にわたる悔しさの歴史は、大分県という地域にサッカーを根付かせ、サッカー文化が芽生える「種」となった。

一つのエピソードがある。

石崎が大分から解任を言い渡されたのが2001年5月15日。第11節・山形戦の敗戦から3日後のこと。

それまで当たり前にいた石崎の突然の解任劇に、サポーターは大いに動揺した。そんな中、あるサポーターが開設していたインターネットの掲示板に石崎自らが書き込み、メッセージを伝えるという出来事が起きた。

「題名　ワシじゃ　Ｎａｍｅ：ノブリン」

「ワシは見とるぞ
ガタガタ騒がんでええ。成績が悪いけ、しょうがないわいや
トリニータも今日から新しい船出じゃ。前を向いてチームとサポーターが一体となって
Ｊ２優勝、Ｊ１昇格を目指して頑張れ！
ワシもしばらくは静かにサッカーの勉強をするわ
次に出てきたときは・・・（大分じゃないがの）
向上心あるのみよ」

監督だった人物が、サポーターの掲示板へ書き込む。珍しいことだが、その理由の一つとして、クラブが石崎に取材を受けないよう依頼をしていた事実がある。律儀にその要請を守った石崎にメディアは接触できず、生の声は伝えられていなかった。

その結果、憶測が憶測を呼び、ネット上でのサポーターの動揺は大きくなる。サポーターを大事にしてきた石崎は状況を沈静化させる意図もあり、あえて書き込んだ。そんなさりげない心遣いが、愛される理由ともなっていた。

石崎自身は、J1昇格という結果を残せなかったが、後を引き継いだ小林伸二によって、翌年の2002年、4年越しの悲願が成就する。大分トリニータはJ2で優勝し、J1昇格を果たした。選手たちを本気にさせ、フロントを巻き込み、スポンサーに火をつけてサポーターを惹き付ける。そんなサイクルを約2年と3カ月の任期で達成した石崎の功績は大きいと言っていい。

その力は、大分を解任された2001シーズン中に川崎フロンターレの監督として招聘され、「プロスポーツ不毛の地」と言われた川崎市にサッカーを根付かせる力になったことからも明らかであろう。

1995年以降、石崎は、隙間なくサッカーの現場に関わってきた。

惜しまれながら大分を去ることになったが、期せずして生まれた時間を有効に使おうと、スペインにサッカーの勉強に行く予定を立てていた。シーズン中に解任された監督に同一シーズン中、他クラブからのオファーはほとんど来ないからだ。

川崎フロンターレの監督に就任

石崎の川崎フロンターレ監督就任の発表は、２００１年７月17日だった。このとき、川崎ＦはＪ２第20節を終えて、勝ち点26の８位に沈んでいた。チームを任された石崎はすぐに現場で指揮を執り始める。

余談だが、石崎が日常的に使う広島弁で「君（きみ）」を意味する「ワレ」という言葉がある。川崎Ｆで初めて「ワレ」と呼ばれたとある選手が「オレ、怒られてるの？」と恐れおののく姿もあった。これは、山形、大分で石崎とともに戦い、２０００年から川崎Ｆに所属していた塩川岳人が「日常会話の中で普通に使われている単語だ」と説明し、その誤解を解いている。

就任発表から4日後の7月21日に行われた第21節。ホームの新潟戦で早速チームを指揮。この試合は、先制しながらも点の取り合いとなり、2−2のスコアで延長戦へ。延長前半にVゴールを喫し、初戦は2−3で落とした。

続く第22節・山形戦にも敗れ、いきなりの連敗スタートとなってしまった。しかし、このとき石﨑は「目先の結果はさておき、来季を見据え選手たちを鍛えるシーズンにするのだ」と腹をくくっていたという。

「シーズンの残りは半年あったし、（選手を）見たら、フィジカルもまったくないに等しい状態じゃった。ブラジル人もエメルソン以外に二人いたが、そんなに役に立つような選手じゃなかった。じゃあ、いまいる選手を鍛えながら、ということでほとんど日本人でやってたね」

1999年、川崎FはJリーグ加盟と同時にJ2で優勝し、2000年はJ1を戦うも1年で降格。2001年は「J1復帰」を至上命令とするシーズンだった。

「J1からJ2に落ちて、1年でJ1に上げようとして、エメルソンを獲ったり、ベテランを獲ったりしていた。名前もあって高額な選手をかき集めてた。監督は堀井（美晴）さんだったんだけど、エメルソンと仲の良いピッタというヘッドコーチとの2頭体制になって難しい状態だった。それでワシのところに話があった」

フロントは、チーム編成に問題があることを自覚しており、それを立て直す役割を石崎に期待していた。将来を見据えたチーム作りができるという能力も、この時点での川崎Fに、適任の人事だったと言える。

石崎が率いた2001年の残りシーズン、川崎Fは勝ち負けを繰り返した。3連勝が2回、2連勝が1回を数える一方、2連敗は4回に上った。ある程度勝てるチームにはなりつつあったが、不安定さは拭えなかった。8位で引き継いだ川崎Fの最終順位は7位だった。

川崎Fでの石崎の契約期間は2年半。

シーズン途中での契約となった2001年とは違い、2002年は石崎の意向を踏まえたチーム編成が可能となる。

「やっぱり2年目には結果を出していこう」と、この年、ベンチーニョを獲得した。ベンチーニョは、石崎と入れ替わるように、01年大分に途中加入したブラジル人選手で、

19試合に出場し16ゴールと結果を残していた。ただし、使いこなすのが難しい選手で「ベンチーニョはベンチーニョに合わしたチームを作っていかないと、彼の良さは出てこなかったよね」と石﨑は振り返っている。

ベンチーニョを軸にある程度勝てる陣容を組んで臨んだ2002年。川崎Fは驚くべきことに、第13節から最終節の第44節まで32試合連続で4位をキープ。シーズンをとおしても、全44節中36節で4位を記録するという妙な安定感を示した。最高順位は第11節と第12節に記録した2位だった。また、連敗は一度もなく、そういう意味で安定感はあるが、爆発力もないシーズンだった。

なおこの年、J2を優勝してJ1昇格を決めたのは、石﨑の後を引き継いだ小林伸二・2年目のシーズンとなった大分トリニータだった。そして、2位はその年の日韓W杯に出場した森島寛晃、西澤明訓といった日本代表選手や若き大久保嘉人などを擁したセレッソ大阪。また、3位には反町康治率いるアルビレックス新潟が入っていた。

ゴリゴリのプレッシングサッカーの確立

２００１年に選手を鍛え、２００２年に結果を出すべく選手を獲得した川崎Ｆは、その試合の面白さとフロントによる集客活動が結実し始め、２００３年に大きく花を開かせた。広島、新潟とデッドヒートを繰り広げたこの03年は、02年の終盤から作ってきたサッカーが結果を出すことになる。

「有名じゃけど、ベティスとバルサの試合を見たのが、２００２年の9月か10月だったのかな。で、すごくベティスのサッカーに共感を得て、こういうサッカーをやりたいと、そのときに初めて思ったんだよね。自分たちからアクションを起こしてボールを取りに行くというサッカーを」

その準備のために、「来年（03年）はこういうサッカーをやりたいと考えて、02年の9月とか10月とかから練習方法を変えていった」。結果、実現したのが03年、〝超ハイプレス〟の強気なサッカーだった。最終ラインを高く維持し、全体をコンパクトにした状態で最前線からハイプレスを掛ける。

そのサッカーを実現させるための選手も補強した。

まずは中盤。

「欲しかったのが（山根）巌。中盤でボールを奪えるヤツだからね」

続いてサイド。

「左サイドに上下運動ができる選手がほしいということで探してもらい、アウグストを連れてきたんだよね。左サイドはあのころ弱かったから」

「3バックに関しては、本当は伊藤宏樹を左に持っていって、箕輪（義信）を右に使い、寺田（周平）を真ん中で使いたかったが、寺田がけががちだった。だから、ボランチをやってた渡辺匠をここ（真ん中）に持ってきた」

渡辺は石﨑のサッカーを実現させるために必要なある能力を持っていたという。

「渡辺匠はボランチをやっていたぶん、予測ができたし、勇気を持っていた。ディフェンスラインだとどうしてもやられたらいけないから、深く（ポジションを）取るんだけど、そうすると（相手に）上がられてどんどんラインを下げられてしまう。ところが渡辺匠は勇気があるから、どんどんラインを上げていける。ものすごく高い位置までね。

その上で、予測を持ってボールを取りにいける。だから渡辺匠をここ（3バックのセンター）で使った」

石崎のそれまでの戦術は、相手の戦いを分析し、それにどう対応するかという観点で作られてきた。ところが2002年、スペインリーグの衝撃的な試合が彼を変えた。その「石崎がやりたいサッカー」を2003年から実現させるためにはどうすればいいのか。全体をコンパクトにして相手ボールをハイプレスによって絡め取る、という攻撃的な守備を実現させるべく、準備は進められた。

「なぜコンパクトにするかというと、そうしないと、プレスが掛からないから。最終ラインが下がっているところからプレスを掛けろと言っても、挟み込みに行くためには距離を走らないとならない。それならできるだけ高い位置でディフェンスラインを保ちコンパクトにする。そこに相手が入ってきたら、短い距離で縦を切って挟み込むことができるからね」

説明はよどみなく実に論理的だった。このサッカーの実現のため、欠かせないピースとして渡辺匠という選手が必要だった。

「そのために匠をここ（3バックの真ん中）に置いた。このコンバートは、こういうサッカーをやりたいから。だから、匠をボランチからCBに持っていった。あと、匠には展開力もあるからね。で、前には我那覇（和樹）がいて、キンちゃん（今野章）はものすごくユーティリティープレーヤー。予測ができて、運動量がある。あとはアクセントとして、ドリブルで一人で持ち込んでいける選手がほしかった。それでジュニーニョを獲ってきた」

石崎のコンセプトに従って編成された2003年のフロンターレは、事前の準備どおり、前線から激しいプレスを仕掛ける攻撃的な守備でJ2を戦うこととなった。

ジュニーニョは、あまり守備ができないイメージがあるかもしれないが、このシーズンは守備のタスクを任せていたのだと石崎は振り返る。

「（ジュニーニョは）このときは（守備を）やってた。ワシのやり方だと、ボールが動けばジュニーニョがプレッシャーを掛けなければならない。それで（ボールが）縦に入ったところで挟み込む、という形にしていたから」

フォーメーションで説明すると、このシーズンのＪ２の対戦チームは［４－４－２］を採用することが多かった。その前提で「うちは［３－５－２］だった。で、ここ（相手のサイドバック）にボールが出たときは、この人（川崎Ｆのウイングバック）が取れると思えば、相手のサイドハーフのマークを捨てて行きなさいと。そうすると、うちの３バックが（順々に逆サイドのウイングバックまで）ずれてずれてバランスを取る。だから見方によっては４バックにも見える」という守備を実現させていた。

「ここの５人（左右のウイングバックと３バック）がものすごく連動して動いていて、相手ボールの動き方次第で、挟み込み方が決まっていた。そうやってバランスを取るということ。（相手）一人に対してできるだけ二人でボールを奪いやすいシステムということでやっていた。だから相手が１トップでも３トップでも、どういうシステムでもこの形を崩さなかった。もういいよと。数的不利だったら考えるけど、数的同数ならいいんだからということでね。それで３バックでもやらせてた」

このサッカーの利点を最も出せたのが、開幕戦の広島戦だった。当時ストッパーとして活躍していた箕輪義信は試合を振り返り「このサッカーでうちらはやるんだ」という発表の舞台になったのではないかと述べている。「このサッカー」とは、ゴリゴリのプレッシングサッカーのことだ。

対する小野剛率いる当時の広島も、当初はプレッシングサッカーでチーム作りを行っていた。そんな相手に対し、川崎Fは作り上げてきたハイプレスで対抗。試合は点を奪い合う激しい内容となる。

11分、我那覇和樹が先制し、川崎Fがリードを奪うが、33分と77分に失点を喫し、逆転を許す。しかし後半ロスタイムにアウグストが劇的な同点ゴールを決めて2-2。プレスで戦い、相手を圧倒する。そういうメッセージのこもった一戦を、逆転されながらも追い付いて終われたことで、チーム内に石崎への求心力が生まれた。そして、川崎Fの選手たちの間には自信が生まれた。

自分たちのサッカーを表現したいフロンターレとすれば、相手に真っ向勝負してもらえたほうがありがたい。しかし、J2はそうした思いがそのまま通じる甘いリーグではない。前に出て行く川崎Fに対し、ディフェンスラインの裏に蹴るという戦いでラインを押し下げようとするチームが続出した。

03年の川崎Fの弱点は、ボールを繋がないチームには用意していたサッカーがうまくハマらなかったという点にあった。

「相手が中盤でボールをつながないと奪えない」と石崎。

さらに、相手が川崎Fを研究した結果、何も見ずに前に蹴るチームまで出現。このあたりのイタチごっこはサッカーチームには特有の問題だろう。分かりやすい特徴を持つチームは、必ず対応される。その対応を上回るサッカーを実現させるのか。それとも、サッカーを変化させていくのか。そのあたりのチーム作りはまさに各チームの監督が考える課題だった。石崎は「ディフェンスラインを高く保ちつつ、相手が蹴ってくるタイミングで安全なポジションを取る」ことを徹底させ、これに対抗しようとしていた。と同時に、守備の原則を再確認した。

「ディフェンスの目的はゴールを守るんじゃなくて、ボールを奪うこと」

「奪うのなら1対1よりも1対2とか1対3のほうが奪いやすい。だからできるだけ一つのところに対して2人、あるいは3人でボールを取りにいこうという形を作った。そういうコンセプトのサッカーを作った」

結果、このシーズンの川崎Fは相手がどんなシステムで来ようとも、対応できるチームになっていった。

石崎が感銘を受けた試合を分析し、その結果を落とし込んで作られる戦術。それが実現できれば「ワシが見て面白いんだから、お客さんが見ても面白い」サッカーができるはずだった。

実際、この03年の川崎Fのサッカーは面白かった。それはまさにエンターテインメントと呼べる水準のものに仕上がっていた。ただ、それは相手が川崎Fの土俵に乗ってきてくれた場合で、相手が中盤を省略してロングボールを蹴り込むスタイルを取った場合、簡単な試合にはならなかった。

パスを繋いで相手を崩そうとするチームを作ろうとすると、途方もない時間と労力がかかる。相手の守備に引っかからないように、止めて蹴る基本技術のレベルを高め、さらに一人のボールホルダーに対し、複数の選手が連動して動くという習慣を付けていく必要がある。それをハイプレッシャーの試合中に、高いレベルで実現しなければならなかった。疲労の蓄積とともに集中力が落ちる中、意識して崩すことができる選手はＪ１のレベルでもそう多くはいない。だからこそ、負けないサッカーをするという意味でロングボールを多用するチームは少なくなかった。

開幕戦で対戦した広島も、リーグ戦が進むに従い、いつしか勝てるサッカーへとスタイルを転換させており、結果重視になっていった。Ｊ１昇格が義務付けられていればいるほど、自分たちのスタイルを貫くことは難しかった。

その点、石崎は愚直に自分たちのサッカーを貫いた。相手が蹴ってくるスタイルを取ろうとも、自分たちは前線からのプレスを緩めなかった。

ハイプレスでの戦いの結果、もたらされたものが二つある。一つは観客の増加傾向だ。ピッチの中を必死に走り回り、プレスを掛けてボールを奪い、波状攻撃を繰り返す川崎Ｆのサッカーは単純に面白かった。また、クラブの集客プロモーションの高度化も相まって観客は増えていった。

その一方、副作用として出てきたのが引き分けの増加だった。Ｊ２は２００２年から延長戦が廃止されており、90分で同点の場合、引き分けで試合が決着するようレギュレーションが変更されていた。引き分けが導入されて2シーズン目。延長がなくなったことで、下位チームは上位チームを相手に勝てないまでも引き分けられれば御の字という割り切った戦いを挑むところも出始めていた。

　そうした傾向の中、川崎Fは勝ち切れない試合が増えた。例えば優勝した新潟の引き分けは7試合。2位の広島が11だったのに対し、3位の川崎Fは13に及んだ。これは、9位・札幌とともにリーグ最多の数字だった。延長戦の廃止により、引き分けという結果を戦術的に狙うことが現実的になった。つまり、繊細にサッカーを作っていく川崎Fと対戦した相手は、ロングボールを蹴り入れることで、そのサッカーを壊す。そんな選択肢がJ2に現れたということを示していた。

倍加していく等々力の熱量

2003年のハイライトは、最終の2節に集約されていた。

第42節を終えて、J1昇格条件の2位以内の可能性は、上位3クラブに限定されていた。首位・アルビレックス新潟、2位・サンフレッチェ広島、そして3位・川崎フロンターレ。

第43節でもっとも有利な立場だったのが、新潟だった。アウェイで5位・アビスパ福岡と対戦する新潟は、勝てば文句なく昇格が決定。この年、ホーム・ビッグスワンに4万人を超える観客を集め続けた新潟は、昇格の瞬間を現地でサポートしようと、数多くのサポーターが遠く福岡まで遠征した。しかし、その福岡で新潟は敗戦。昇格は最終節へ持ち越された。

2位・広島はホームでサガン鳥栖と対戦し、これを撃破した。

3位・川崎Fはアウェイで湘南ベルマーレと対戦。2度のリードを守り切れず、2－2で引き分けた。

この結果、広島が首位に立ち、残り1節を残して昇格が決定。勝ち点85の新潟と、勝ち点82の川崎Fが最終節に昇格を懸けることとなった。

２００３年Ｊ２最終節は、新潟、川崎Ｆともにホームで戦った。勝ち点３差で先を行く新潟は大宮アルディージャを、川崎Ｆは、前節でＪ１昇格を決めた広島を迎えた。新潟の結果がどうであれ、とにかく勝ち点３を積み上げる以外にＪ１昇格の可能性はない。川崎Ｆは、とにかく勝利を目指して試合に入った。

石崎は一年間をとおしてこだわってきたプレッシングサッカーで勝負に出る。

試合後、「今シーズンやってきた前からのプレスをやってくれた」と選手を労う言葉を残した石崎。これに対し、Ｊ１復帰を決めていた広島は「（この試合で勝利し）優勝するという気持ちで臨んでいた」（小野剛監督）が、それを実現するため小細工することなく、真っ向勝負を選んだ。この試合を振り返った小野監督は「最後の最後にサッカーをやらせてもらえた」と発言しており、まさにＪ２史上に残る名勝負となった。

23分、アウグストの直接ＦＫが決まり川崎Ｆが先制。奇跡的なＪ１昇格の場面をその目で見ようと等々力競技場につめかけたシーズン最多の２２，０８７人のサポーターを熱狂の渦に引き込む。

しかし、失うもののない広島はそう簡単な相手ではなかった。川崎Fのサッカーに対抗しようと前に出てくると、35分にPKを奪い、これをマルセロがきっちりと決めた。勝たなければならない川崎Fは、後半に入ると前線の我那覇和樹、ジュニーニョ、今野章のコンビを中心とした攻撃で押し気味に試合を進める。チャンスはあれど、ゴールは決まらずという展開の中、望みを繋ぐ一発が生まれた。

81分。2万人を越すサポーターが見つめる中、カウンターで一気に広島陣内に攻め込む。ピッチ中央のジュニーニョからペナルティーエリア右に位置していた我那覇にパスが通る。これを我那覇が右足で振り抜くと、ボールはファーサイドのサイドネットに突き刺さった。川崎F、勝ち越し。ゴールを決めた我那覇は脇目もふらずスタンドへと駆け寄り、それをサポーターが大歓声で迎え入れた。

1999年、筆者は等々力での川崎Fの一度目のJ1昇格試合を取材している。しかし、当時のスタジアムはここまでの熱量を発してはいなかった。もちろん、観客数が半分であったことや、ライバルチームに対し、ある程度勝ち点差を付けた余裕のある状況だったという背景もある。そのときの情景との違いのすべてを石崎の功績にするつもりもない。集客に関しては、フロントとサポーターが手を携えて、まさに一体となって尽力した陰の努力が増加に繋がった一面も確かにあったからだ。

そうした土台の上に、面白いサッカーという種を巻くことで実現したのが最終節のスタジアムの雰囲気だった。だからこそ、試合終了後に場内に伝えられた新潟対大宮の試合結果は非情だった。同時刻開催のこのカードは、新潟が1－0で大宮を破った。と同時に新潟がJ2優勝とJ1昇格を確定。川崎Fの土壇場でのJ1昇格は実現できなかった。石崎は大分での2回の経験を含め、自身3度目の勝ち点1差の3位に甘んじることとなった。

「選手は本当に頑張った。J1に連れて行ってあげられなかった責任を感じています」

そして、「感謝と誇りを感じています」と発した石崎。勝ち越し弾を決めた我那覇は「悔しい」と唇を噛みつつも、「苦しいときもイシさんのサッカーを貫けた」と胸を張った。ただ「ファーストステージの引き分けの多さが最後に響いたと思う。あそこで勝てていれば、勝てるときに勝ち点3を取っていればと思う」と悔しさを露わにした。

多くの人の涙を誘った試合ではあったが、この２００３シーズンは、いまでもフロンターレサポーターの語り草になっており、翌年の関塚隆監督の采配による、圧倒的なＪ２優勝の原動力ともなっている。

勝ち点1差の3位という成績は決して悪いものではない。試合の内容も悪くなく、観客増という成果も出ていた。ただし、川崎Ｆの首脳陣は石﨑の契約を終わらせる決断をし、11月26日にその事実が公表された。突如としてなされたこの発表に対し、サポーターからは多数の抗議のメールがフロントに寄せられた。それは観客もまばらな等々力に観客が増え、スタジアムが徐々に熱を帯びつつ成長する姿をリアルタイムに見てきたサポーターであればなおさらだった。

もちろん、プロの世界のことだ。Ｊ１昇格という目標を逃し、結果を手に入れることには失敗していた。ただ、石﨑は大事なものを数多くクラブに残した。

監督自らが率先して行ったファンサービスに始まり、1年間を通じて戦える強靭なフィジカルを作ること。03年には相手がどう来ようと自分たちが主体となって対戦できるチームを作り上げた。結果として、閑散としていたスタジアムにサポーターが集まり、いまに続く「等々力の一体感」の原型となった。それら功績にサポーターは感謝し、続投を要望するメールを多数寄せたのだった。

いまでも石﨑のシーズン以外に記憶がないのだが、退任が決まった03シーズン終了後、メディア関係者の要望を受け、クラブが石﨑の慰労会を行った。チームを去る監督がそうして送り出されるところにクラブからのリスペクトが感じられ、またメディアとの距離の近さも伺えた。

石﨑からバトンを手渡たされた関塚隆監督の指揮下、2004年のJ2を川崎Fは圧倒的な強さで駆け抜けた。悲願であるJ1昇格を決めたのは偶然ではないだろう。何しろ、2001年に最終節までJ1昇格の可能性を残した大分が、翌2002年には小林伸二監督の指揮下、J1昇格を果たしていたからだ。

壊れかけていたチームを再生し、土台を作る――。その石﨑の手腕は一級品と言っていい。記録には残りにくいが、記憶に残る監督。それが石﨑信弘という人だった。

「良いサッカーでも勝てるよ」

石崎の話を聞いていると、その半生の中で、県工時代のころを境に、フィクションとノンフィクションの境界が曖昧になる気がする。

今日、当たり前に存在する新幹線や高速道路がまだ建設される前に生まれ、世界でも稀に見る高度経済成長の時代を生きてきているからだ。貧しかったころの日本の話の現実感のなさに驚かされる。そんな物語を頭に思い浮かべられるまで、石崎は自らの幼少時代について詳細に説明してくれた。話を聞いているうちに、そのときの情景が目に浮かんできた。自らの目で見ていない以上、それは想像の域を出ない。そもそも、いまある新幹線や高速道路網がない日常を生きてきたのだから。それが石崎の半生がフィクションに思えてしまう一因なのかもしれない。

石崎に繰り返し問いかけてきた質問がある。

良いサッカーと勝てるサッカーは同一になるのか、それとも良いサッカーは勝つのが難しいのか。

その問いかけに対し石﨑は「良いサッカーでも勝てるよ」と力強く述べた。

これまでの日本サッカーの歴史を紐解いても、良いサッカーと勝てるサッカーは両立が難しく、それはある意味フィクションの立場に追いやられている側面もあった。フィクションと言われても不思議ではないその領域に、リアルな日常の鍛錬で挑もうとしている石﨑は、これからもその戦いを止めることはないのだろう。


石﨑は、土台作りのうまさを買われ、予算が限られる地方クラブからの引き合いの強さが目立っている。選手たちを育てられるという評価。それはそれで名誉なこと。

J2に降格はしたが、2015年の山形はJ1で内容のあるサッカーを見せていた。あの中に、一人だけでいい。点が取れる本物のストライカーがいれば山形は残留できたはず。しかし、本物のストライカーは高い。

必要な選手を集められるチームを指揮したとき、これまでの監督の経験をベースに石崎は、どのようなチームを作ってくるのだろうか。いまは、育てた選手がチームを出て行くという現実がある。ただ、今後どこかのタイミングで、育てた選手を引き止めて迎えるシーズンを見せてもらえたら面白くなる。そのためにも、良いサッカーで勝てるチーム作りを続けてほしい。

日本サッカー界の常識をくつがえすチームを見せてほしいと思う。

五人の著者による
あとがきにかえて——

同じ時間を共有できたことは財産だ

この現場にいると当たり前かもしれないが、反町さんとは会う機会がたびたびある。「なんだ、おまえ、まだやっているのか」。にやにやしながら言われると、こちらもつい笑顔になってしまう。

2005年、新潟から去る直前に当時の番記者たちとともに、反町さんを囲んで明け方まで飲んだ。酔って悪態をつくヤカラに絡まれながらも、楽しそうに笑みを浮かべていた。

サッカーに臨むときの毅然（きぜん）とした態度と、日常とのギャップ。その差の大きさが人気の秘密だろう。才能豊かな人間にそんなことをされたら、やっかみ、ねたみが先に来るものだが、この人にはそんな感情さえ持たせない雰囲気がある。

実は根は庶民派だ。在任中も十日町キャンプの中日に、チーム全員で宴会を行った。選手の「男前コール」で生ビールを一気飲みした。きっとこれが本来の姿だろう。

10数年が過ぎても衰えない人気。それまでの新潟にはいないタイプだった。同じ時間を共有できたことは財産でもある。

著者プロフィール

斎藤慎一郎 Shinichirou Saito

1967年生まれ。新潟県出身。スポーツ新聞記者を経て、新潟県内の情報誌編集部に勤務。アルビレックス新潟関連の書籍出版に携わる。同時に『J's GOAL』等のサッカーメディアに執筆。2015年より『日刊スポーツ新聞新潟版』担当に。新潟県内のスポーツ全般を対象に取材活動をする。

息づく湘南スタイル。その深化の過程で

11年ぶりのJ1昇格を決めた2009年当時、とある原稿の中で、チームの発展の道のりを指して「まるで彫刻のようだ」と筆者は書いた。先人たちがかたち作り、一歩ずつ着実に積み重ねてきた工程を仕上げるように、反町康治監督は細部に意匠を凝らし、磨きをかけ、湘南ベルマーレをJ1の舞台へと押し上げた。そんなイメージとしての比喩だった。

そして時は流れ、現在は反町監督のもとでヘッドコーチを務めていた曺貴裁監督が指揮を執り、選手たちの成長を促しながら、チームのスタイルをさらなる深化へと導いている。勝利のみならず、敗北も降格も糧にしながら、真っ直ぐに歩を進めて再度昇格を果たし、2015シーズンは初のJ1残留をクラブ史に記した。

反町監督が用いた「縦」というキーワードを軸に、クラブとして志すスタイル、すなわち「攻撃的で、走る意欲に満ち溢れた、アグレッシブで痛快なサッカー」は脈々と息づいている。振り返るにつけ、芯の通った湘南の貴い歩みを思う。

著者プロフィール

隈元大吾 Daigo Kumamoto

1973年生まれ。湘南ベルマーレに軸足を置いて取材・執筆。『湘南ベルマーレオフィシャルハンドブック』をはじめ、クラブのフィロソフィーと育成論を編んだ『縦の美学』やフリーペーパー『MARE』などクラブオフィシャル刊行物の制作に携わる。専門誌や一般誌などにも幅広く寄稿。湘南ベルマーレを追いかけるウェブマガジン『縦に紡ぎし湘南の』主宰。

〝書かれていない〟物語への挑戦

希望と不安に揺れ動いていたＪ２初年度を思い返せば、それが僅か４年前だったことにあらためて驚いた。

あれから多くの〝書き尽くされた〟物語があり、その何十倍もの〝書かれていない〟物語があった。上澄みの透明な部分だけを食べたい人には勝手に食べてもらうとして、底に沈んだ澱のようなものも掬い上げて咀嚼するのが地元に根を張る自分たちの役割だと心得てきた。ただ、それができていたかは頭を捻らざるを得ない。これはつまり、力不足だった筆者の悔恨の記録でもある。

苦戦は免れないと予想されていたチームを勝利に導くということは、さながら魔術師のような技だ。しかし勝利の裏には、ほんの数秒にも満たないワンプレーなど徹頭徹尾こだわる指揮官の努力がある。名のある大家ですら日々の研鑽を惜しまないのだから、自分などは鋭意努力を尽くさねばならない。何をすればいいのか分からないが――。とりあえず着飾ることなく、愚直に書き続けることにしよう。

著者プロフィール

多岐太宿 Tasuku Taki

1976年、長野県生まれ。2000年代の前半より物書きを志し、兼業ライターとしての活動をスタート。地域リーグ時代から地元の松本山雅FCをウォッチし、県内紙やサッカー専門誌などに寄稿。Jリーグ初年度の2012年3月より一念発起し、専業ライターとして独立。『エル・ゴラッソ』、『J's GOAL』、『月刊J2マガジン』など各媒体で松本担当を務める傍ら、ウェブマガジン『松本雷鳥通信』記者として松本のサッカーを取材している。また県内の他スポーツやグルメなど地域情報の執筆も手掛ける"ポリバレント"。

これ以上のアドベンチャーはないと思った

「確かに大分での昇格経験はあるが、だからと言って山形でも同じことはそう簡単に起きないでしょ」

小林伸二監督就任を知ったときの第一印象だ。しかし、2008シーズンを前に個別インタビューをさせていただくと、「あれ、もしかして昇格できるかもね」という気持ちにいつの間にかさせられていた。モンテディオ山形の監督に就任して1年目でクラブ初の昇格、そして2度の残留。初めての体験ばかりのその期間は、本当に楽しかった。特に、J1初年度の2009年は負けても楽しいばかりで、これ以上のアドベンチャーはないと思った。

記者会見や毎日のように行っていた囲み取材の音源はほぼすべてストックしている。なかなか生かせずにいたその音源を、今回わずかだが世に出せたのはうれしかった。戦術から何から話をしてくれる小林監督時代の4年間は、個人的にもサッカーについて濃く学べた時期だった。特に、守備に関する細かい戦術や基本的な考え方はなかなか教われない。得難い経験で、本当にありがたかった。

著者プロフィール

佐藤円 Madoka Sato

1968年生まれ。山形県鶴岡市出身。サッカーとは無縁の人生をたどってきたが、山形のタウン誌編集部時代の1995年、モンテディオ山形の前身であるNEC山形(当時旧JFL)の取材を開始。その後は徐々に取材の量を増やしながらフリーのライターに。2005年より『エル・ゴラッソ』の山形担当。2015年に立ち上げた山形の情報を伝えるウェブマガジン『ディオマガ』にも執筆している。人との会話が得意ではないが、そのぶん、じっと黙ってできる観察が好き。定点観察的に練習取材をしているときが1日のうちで最もテンションが高い。

サッカーに注ぐ高い熱量は変わらない

サッカーの取材を始めたとき、最初に接してもらえた監督が石崎さんだった。その表現を模倣すれば「日本に10しかないJ2クラブの監督」だったのに、気さくだった。当時の素材を見直すと失礼な質問を連発している。でも、対応してくれた。自分の取材能力の基礎を作ってくれたのは石崎さんだった。感謝するしかない。大分トリニータ、川崎フロンターレでのJ1昇格の夢は後任の小林伸二さん、関塚隆さんが果たしたが、「ブロンズコレクター」というありがたくないアダ名を付けられる（付けた）中、06年、柏レイソルでの昇格を目撃できたのは石崎組の一人として万感胸に迫るものがあった。大喜びの石崎組構成員・岡山一成や山根巌に対し、「湘南の最終戦のセレモニーがあるから」と自制を促していた姿も、らしかった。積み重ねた膨大な経験は日本随一。それを基に自らが「面白い」と感じた試合を練習に落とし込み、ピッチで表現する。その過程が選手育成に繋がりチームの基礎作りになるのだから凄腕だ。これからも面白いサッカーで勝負に挑み続けてほしい。

著者プロフィール

江藤高志 Takashi Eto

1972年生まれ。大分県中津市出身。工学院大学修士課程を中退後、サッカーの記事を書ける会社への就職を模索するが失敗し、技術系出版社に入社。1999年のコパ・アメリカをパラグアイで現地観戦し、そのままフリーランスの道に入る。大分トリニータの取材で記者の経験を始め、そのときに知り合えた石崎信弘氏のお陰でいまがある。石崎の移籍とともに川崎フロンターレの取材を増やし、2004年から『J's GOAL』の担当記者となる。現在も川崎Fを専門的に取材しており、ウェブマガジン『川崎フットボールアディクト』の編集長を務めている。

おわりに

記録よりも記憶に残る指揮官への追憶

２００３年10月４日、等々力陸上競技場では、Ｊ２第37節川崎フロンターレvsアルビレックス新潟が行われていた。私は、その試合終了後のあるシーンをいまでもときどき思い出す――。

この年のＪ２リーグ戦は、全12クラブによる４回戦総当たり、全44節という長丁場だった。Ｊ１昇格対象となる２位以内の座をめぐって、シーズン当初から新潟、サンフレッチェ広島、川崎Ｆによる三つ巴の激しい戦いが繰り広げられた。特に熾烈を極めたのが、反町康治監督率いる新潟と石崎信弘監督率いる川崎Ｆの対決だった。

1回目の対戦は、4月26日、新潟市陸上競技場での第8節。これは1－0で新潟が勝利を収めた。2回目は6月18日の第18節、「雨中の等々力決戦」で警告が11、レッドカードによる退場者が3人出るという大荒れの試合だった。結果は0－4でホームの川崎Fが惨敗。ここまでの18試合で川崎Fは新潟以外に負けておらず、「川崎Fの天敵」としての新潟スタイルは、ここから始まったのかもしれない。9月3日の第31節では、新潟市陸で対戦を迎えたが、またしても川崎Fは2－3で敗れる。これで新潟に3連敗。試合終了後の記者会見では、私と川崎F担当ライター・江藤高志の横に立ち、反町監督の発言を聞く石崎監督の姿があった。

最終ラウンドの第37節は、10月4日、等々力。昇格を目指す両雄の負けられない最終決戦には、新潟から大挙してやってきたサポーターも合わせて、当時の等々力での最高観客数となる2万1，393人の観客で埋まった。試合結果は3－0。ここでようやく昇格への望みをつなぐ勝利を川崎Fがもぎ取ることになる。4回目にしてようやく手にした完勝だった。

試合終了後の記者会見も終わり、観客もはけたころ。無人の等々力のピッチに立つ二人の指揮官の姿があった。夕日に照らされたピッチを見つめながら、長い間、談笑していた。そこで去来するものとは何だったのか。夕闇迫るころ、引き上げた二人に聞いたが、笑顔を返すばかり。十数年経ったいまでもそのシーンがフト、蘇るときがある。

そのときから、私は考えていた。

「いつかは彼らの物語をまとめよう」。記録には残らない〝記憶〟を紡ぐことによって、生きたJリーグの世界を伝えられるのではないだろうか。

こうやって世に出た本書により、これからも〝Jリーグの物語〟が少しでも語り継がれていくのであれば、Jリーグをこよなく愛する者として幸いである。

2016年2月

霜越 隼人（株式会社SEA 代表取締役社長）

蹴球一徹

地域のJクラブを率いる
指揮官の矜持
反町康治・小林伸二・石﨑信弘

2016年2月24日　初版第1刷発行

著者　斎藤慎一郎・隈元大吾・多岐太宿・佐藤円・江藤高志
発行人　山田泰
発行所　株式会社スクワッド
〒150-0011　東京都渋谷区東1丁目26-20東京建物東渋谷ビル別棟
お問い合わせ　0120-67-4946
企画協力　株式会社スポーツエンターテイメントアソシエイツ
編集　吉村美千代
装丁　櫻井悠佳里
デザイン　武井一馬
写真　徳丸篤史
DTP　株式会社GROW UP
印刷　凸版印刷株式会社

ISBN 978-4-908324-07-9